陈总编爱车热线书系

AUTOMOTIVE SCIENCE

汽车科学解密

会跑的科学课

陈新亚 编著

机械工业出版社

CHINA MACHINE PRESS

《汽车科学解密：会跑的科学课》按照科学课中的学习内容，对汽车上的科学知识进行归纳分类，并利用物理和化学中的基本定律和基本原理，对汽车上的科学知识和特别体验进行翔实的介绍。

《汽车科学解密：会跑的科学课》以图画介绍为主，通俗简洁的文字为辅，不仅看起来赏心悦目，而且读起来有趣、易懂，适合汽车及相关专业学生、汽车爱好者、中学生及汽车从业人员等阅读使用。

图书在版编目（CIP）数据

汽车科学解密：会跑的科学课 / 陈新亚编著.
— 北京：机械工业出版社, 2019.2
（陈总编爱车热线书系）
ISBN 978-7-111-61724-2

Ⅰ.①汽… Ⅱ.①陈… Ⅲ.①汽车—普及读物
Ⅳ.①U46-49

中国版本图书馆CIP数据核字(2019)第001894号

机械工业出版社（北京市百万庄大街22号 邮政编码100037）
策划编辑：李　军　　　　　责任编辑：李　军
责任校对：老　车　　　　　责任印制：李　昂
北京瑞禾彩色印刷有限公司印刷
2019年1月第1版第1次印刷
184mm×230mm·9印张·2插页·225千字
0001—5000册
标准书号：978-7-111-61724-2
定价：59.90元

凡购本书，如有缺页、倒页、脱页，由本社发行部调换
电话服务　　　　　　　　　网络服务
服务咨询热线：010-88361066　机 工 官 网：www.cmpbook.com
读者购书热线：010-68326294　机 工 官 博：weibo.com/cmp1952
　　　　　　　010-88379203　金 书 网：www.golden-book.com
封面无防伪标均为盗版　　　教育服务网：www.cmpedu.com

坐汽车 学科学

一直觉得汽车是一种非常奇妙的东西。世间再没有其他东西像汽车那样，不仅综合了物理、化学、生物、数学等基础学科知识，而且应用了力学、电学、美学、材料学、空气动力学、人机工程学、计算机控制、工程管理等应用学科知识，甚至还涉及心理、生理、民族文化等知识。因此，要想真正认识和了解一款汽车，最好是以上面所列的科学知识为利器，就像庖丁解牛那样，将汽车彻底拆开，破解它所包含的一切科学技术密码。

更为重要的是，我们可以以汽车为例，形象地讲解科学定律和基本原理，激发我们学科学的兴趣，帮助我们掌握物理、化学等科学知识。其实，这才是本书编辑出版的初衷。

很多年前，在编写《汽车为什么会跑》《魅力汽车》时，就发现需要使用很多物理定律来解释汽车上的技术和知识。那么，在学习科学课或物理课时，我们为什么不能借助汽车这个具体形象甚至家家都有的"道具"呢！这样对学习物理课或科学课一定很有益处。

本书主要按照科学课中的学习内容，对汽车上的科学知识进行分类，而不是按汽车总成部件分类介绍。本书以图画介绍为主，通俗简洁的文字为辅，不仅看起来赏心悦目，而且容易学习理解。

此书确实是一种创新和尝试，还存在许多不足，恳请对汽车科学有兴趣的朋友来信沟通交流。

270963083@qq.com

目录CONTENTS

第一章 Chapter One

力量与速度
Power&Speed

汽车为什么会奔跑？

知识点：牛顿第三定律 作用力与反作用力

汽车为什么会奔跑？可以有很多答案，比如它有发动机能够产生动力，它有变速器可以变速等，但最直观的原因还是车轮转动。当车轮转动时，汽车就会奔跑。那么，为什么车轮转动时汽车就会往前跑呢？这可用牛顿第三定律（也称作用力与反作用力定律）来解释。

牛顿第三定律：当两个物体之间相互作用时，它们之间会产生作用力和反作用力，并且它们总是同时在同一条直线上，大小相等，方向相反，它们同时出现，也同时消失。

观看火箭发射时，我们会很容易理解作用力与反作用力的原理。火箭升上天空时，它的尾部会发出大量的火焰一样的热气，正是向下吹热气的力量的反作用力，才推动火箭向上升起。

在作用力与反作用力原理的作用下，大气推动火箭上升

反作用力

作用力

在作用力与反作用力原理的作用下，地面推动汽车奔跑。

车轮推地面的力　地面推车轮的力

当汽车的车轮向前旋转时，它的轮胎实际上是在利用轮胎与地面之间的摩擦力向后推动地球。而在牛顿第三定律的作用下，地球也会向轮胎施加一个向前的反作用力，从而推动汽车前进。如果地球的重量没有汽车大，那么汽车就可能会静止不动，而地球则会向后转动。

所以，当发动机运转时会产生动力，这个动力通过变速器和传动机构传递到车轮上，使车轮开始转动，然后在作用力与反作用力定律的作用下，来自地面的反作用力就会推动汽车奔跑。

你用手使劲推墙，就会感觉墙也在用力推你。你用劲越大，感觉到墙"推"你的力也越大。这就是作用力与反作用力现象。

玩滑板时，我们用力向后蹬地面，地面就推动我们前进。我们走路、骑自行车，都是依靠地面对鞋底或自行车轮胎的反作用力前进的，所以，鞋底和自行车轮胎上，都要设计有花纹，以增加摩擦力。

地面推力

蹬地面的力

地面推力

蹬地面的力

乘车时为什么要扶稳坐好？

知识点：牛顿第一定律 惯性

当我们乘坐汽车时，尤其是乘坐公共汽车时，售票员总要提醒我们要扶稳坐好，以免在紧急制动或转弯时摔倒。当汽车遇到前面有情况时会突然紧急制动，这时车内乘员的身体就会向前倾。如果没有扶稳坐好或站好，就可能向前撞去，因此，在公交车和地铁内都设置很多扶手或栏杆，供乘客扶持。这种现象可以用牛顿第一定律（也称惯性定律）来解释。

牛顿第一定律：任何物体在不受任何外力的作用下，总保持匀速直线运动状态或静止状态，直到有外力迫使它改变这种状态为止。

这就是说，如果物体没有受到外力，它就不会改变原来的运动状态。比如在火车上打扑克，虽然现在高铁速度可以超过350千米/时，但扑克牌在火车上并不会飞走，因为它没有受到外力，它只能保持原来状态不变。

一切物体都有保持原来运动状态不变的性质，我们把这种性质叫作惯性。

当汽车紧急制动时，车内乘员会因惯性的作用而使身体向前倾

当驾驶人踩制动踏板对汽车进行制动时，汽车总要再往前行驶一段距离后才会最后停稳，而不是一下子就能停下来。这其实也是由于正在行驶的汽车存在惯性，是惯性的力量在推动汽车继续往前奔跑，最后在车轮与地面间摩擦力的干预下才慢慢停下来。此时的地面摩擦力就相当于对汽车施加的外力。如果路面湿滑，此时地面摩擦力较小，那么对汽车直线行驶的外力作用也较小，汽车就会行驶较长距离才会停下来。

在汽车转弯时，如果路面湿滑，同时车速又比较高，以至于汽车轮胎失去抓地力，汽车此时在水平方向上不受外力作用，就会按原来的方向保持直线前进，直直地冲出弯道而不受驾驶人的控制。

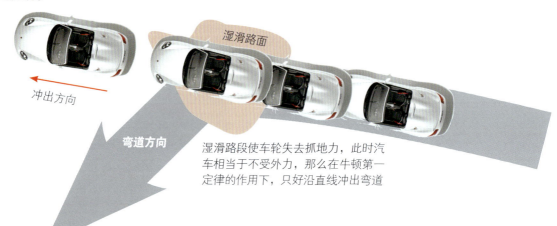

冲出方向

湿滑路面

弯道方向

湿滑路段使车轮失去抓地力，此时汽车相当于不受外力，那么在牛顿第一定律的作用下，只好沿直线冲出弯道

当汽车紧急制动时，如果车内乘员不系安全带，在惯性作用下，身体就会向前冲去

乘车时为什么要系好安全带？

坐上小轿车的前排乘员座后，大人总是要求我们系上安全带，这也是防止因惯性的作用而伤害到我们。当汽车紧急制动时，由于惯性的作用，虽然汽车可能很快减速甚至停止，但由于我们的身体仍在惯性定律的作用下沿原来方向继续直线前进，这样就可能使我们的头部碰到前风窗玻璃，严重者会使我们受伤甚至丧命。如果系上安全带，就会把我们的身体固定在座椅上而不向前冲去，从而保护我们不受伤害。

现在轿车上还都装备有安全气囊，一旦车辆发生严重撞击，安全气囊会自动充气并弹出，使人不致撞伤。

跑车为什么起步加速非常快？

知识点：牛顿第二定律 加速度

在马路上看到一些跑车往往速度都非常快，尤其是在绿灯亮后它们都能以很快的速度起步并加速前进。这里主要有两个因素：一是跑车都配备动力强劲的发动机；另一个是它们的车身重量都较轻。根据牛顿第二定律，受力大、重量轻的物体，其加速性能就越强。

牛顿第二定律：外力使物体产生加速度，而且外力越大或物体越轻，加速度就越大。

牛顿第二定律的中心意思是，当让物体移动时，重量越轻的物体，它所需要的力越小；重量越大的物体，则需要更大的力。因此，体型较大的汽车，如大型豪华轿车、大客车和载货汽车等，它们往往也装备动力更强大的发动机。

同样，在动力相同的前提下，重量越轻，汽车的加速性能越好，因此，F1赛车为了保证拥有较高的加速性能，其重量就设计得很轻，约为620千克，这还包括赛车手的体重及所有装备的重量。

在日常生活中，我们所说的"加速"是指汽车变得越来越快，也就是指它的速度增加。然而，在物理学上的"加速"则是指三种情况：一是物体移动的速度越来越快，二是指物体移动的速度越来越慢，三是指物体移动的方向发生改变。

怎样判断一辆汽车的加速潜力？

知识点：加速性能 比功率 加速时间

影响汽车加速性能的因素很多，如发动机、变速器、车身重量、车身造型、轮胎，甚至驾驶技术等。但根据前面介绍的"受力越大或物体越轻，加速度就越大"的原理，影响汽车加速性能的两大主要因素就是发动机的动力和车身的重量。

<u>发动机的动力越大或车身重量越小，那么汽车的加速性能就越强。</u>

将发动机的最大功率与汽车总重量的比值，作为判断汽车加速潜能的主要因素，并且将此比值称为比功率。显然，比功率越大，汽车的加速性能就可能越强。

比功率就是用汽车发动机的最大功率（马力或者千瓦）除以汽车的总重量（吨或者千克），如某辆汽车的最大功率是150马力（1马力≈0.735千瓦），重量是1.5吨，那么它的比功率就是150÷1.5=100马力/吨。

然而，现在通常使用重量与功率的比值替代比功率，并采用千克作为重量单位。重量功率比可以更形象地表示汽车的加速潜力。仍以上面那辆汽车为例，1500千克÷150马力=10千克/马力，表明1马力只负责驱动10千克的重量。此值越小，则说明此车的加速潜力越大。

0—100千米/时加速时间

30⁺秒

重量功率比：333千克/马力

大型拖挂车

虽然发动机的最大功率高达300马力，但其总重量可能高达100000千克，因此，它的重量功率比约为333千克/马力，也就是说1马力的动力要驱动约333千克的重量，相当于5个人骑在一匹马上，其0—100千米/时加速时间需要30多秒。

0—100千米/时
加速时间

20+秒

重量功率比：70千克/马力

载货汽车

　　某款载货汽车的发动机最大功率为300马力，最大总重量21000千克，其重量功率比为70千克/马力，相当于1个人骑在一匹马上，其0—100千米/时加速时间约为20多秒。

0—100千米/时
加速时间

8.3秒

重量功率比：9.3千克/马力

宝马 525Li

　　宝马525Li的最大功率为184马力，整车重量1710千克，重量功率比为9.3千克/马力，相当于一只狗骑在马背上，其0—100千米/时加速时间为8.3秒。

0—100千米/时
加速时间

5.1秒

重量功率比：5.2千克/马力

宝马 Z4 35i

　　宝马Z4 35i跑车的最大功率为306马力，重1600千克，重量功率比为5.2千克/马力，相当于一只小狗骑在马背上，其0—100千米/时加速时间为5.1秒。

0—100千米/时
加速时间

2.5秒

重量功率比：0.78千克/马力

F1 赛车

　　F1赛车重量仅为620千克，发动机最大功率高达800马力，它的重量功率比高达0.78千克/马力，相当于一只小鸡骑在马背上，其0—100千米/时加速时间仅为2.5秒左右。

为什么不用加速度表示加速性能？

知识点：加速度 G值 加速时间

在物理中有一个专门用来描述物体加速性能的名词：加速度，并用a表示。

加速度是描述物体速度变化快慢的物理量。它的计算方式就是物体运动的末速度与初速度之差除以时间，单位是米/秒^2。

如果用物理学中的加速度概念来描述汽车的加速性能，结果会怎样呢？

比如，一辆汽车从静止加速到100千米/时需要8秒，它的初始速度是0，末速度是100千米/时。这个速度可以换算成100000米/3600秒，或者是27.78米/秒，那么，这辆汽车的加速度a=（27.78−0）÷8=3.47米/秒^2。

在物理学中，一般会用重力加速度（g=9.8米/秒^2）的倍数来表示加速度值。那么这辆汽车的加速度a=3.47米/秒^2÷9.8=0.354g，即重力加速度g的0.354倍。这个数值通常用"G值"表示，即这款汽车的加速度G值就是0.354g。

虽然用汽车的G值=0.354g来表示这款汽车的加速性能在物理学上比较准确，但这种方式并不利于普通人的理解。你是不是也被G值、g和a等概念搞乱了。于是，人们还是更喜欢用0—100千米/时的加速时间来表示汽车的加速性能。一些超级跑车还会用0—200千米/时、0—300千米/时的加速时间来表示它们拥有的更强大的加速性能。

现在奥迪的汽车型号采用与G值相关的数字来表示，它将汽车的G值四舍五入后再乘以100，得出的数字作为其车款型号。如G值=0.354g，那么，0.35×100=35，就用35作为其型号标识，例如奥迪A6L 35 TFSI。

布加迪威航16.4超级跑车性能参数

0—100千米/时加速时间：2.5秒
0—200千米/时加速时间：7.3秒
0—300千米/时加速时间：16.7秒
发动机形式：W形16缸
发动机排量：7993毫升
最大功率：1001马力（736千瓦）
最大转矩：1250牛·米
零部件总数：约3700个
变速器：7速双离合变速器
驱动形式：四轮驱动
前后重量比：前45/后55
最高车速：407千米/时
制动时间：
400千米/时—0：10秒
制动距离：
100千米/时—0：31.4 米
200千米/时—0：126 米
300千米/时—0：283 米
400千米/时—0：540 米

你知道吗？
Do you know

汽车猛加速时为什么会有推背感？

当汽车猛然加速时，由于惯性的缘故，在汽车起步或加速的瞬间，我们的身体仍处于原来的状态，而汽车已加速向前冲去。相对而言，我们的身体由于惯性的作用而滞后于汽车，并迅速压向靠背，就好像是靠背猛烈地推我们后背一下，从而产生所谓的推背感。

这和汽车紧急制动时我们的身体向前倾是一个道理，只不过一个是加速度，一个是减速度（或加速度为负）。加速性能越好的汽车，猛然加速时的推背感就越强。

F1赛车G值图代表什么？

知识点：G值 重力加速度g G值极限

对于普通汽车来讲，虽然用G值表示加速性能不太合适，但对于那些加速性能特别厉害的汽车来讲，用G值表示就显得更专业、更准确了。因为，G值不仅可以描述汽车的纵向加速性能，还能描述汽车的制动性能（G值是负值），更可以用侧向加速度G值来描述汽车在弯道中的速度表现。G值是有方向的，是一个矢量值。

在F1赛车比赛中，往往会用G值图来显示赛车在各个方向所受到的加速度G值，以展示赛车的加速、制动能力以及比赛的激烈程度。

在P8中介绍过，G值通常用重力加速度g的倍数来表示。在正常状态下，我们承受的重力

图中圆圈下端的黄色条及下面的白色数字表示汽车的瞬时加速度，此时为4.0。
下方的3.2及3.0表示2017年度及2016年度时此弯道的最大G值

就等于自身的重力，也就是1个重力加速度，即我们静止不动时的G值=1g，约为9.8米/秒²。因此，也可以这样理解G值：G值是重力加速度g的多少倍，就表示汽车或汽车中的人所受的加速度推力，就是自身重量的多少倍。

比如，F1比赛中，赛车在高速急转弯中，侧向加速度G值最大可达到4g，也就是自身重量4倍的侧向推力。这对车手的颈部肌肉是个考验，因为它要承受相当于4倍头颅重量的侧向推力。

在流行于美国的Top Fuel改装车直线加速赛中，0—160千米/时的加速时间最快只需0.86秒，按照P8中介绍的G值计算方式，其纵向加速度G值高达5.3g。

一般而言，正常状态下的人体所能承受的最大G值极限为（-3～9）g。当G值很大时，血液会因压力从头部流向腿部而使脑部血液量锐减，此时二氧化碳浓度会急剧增加，并因缺血缺氧而影响视觉器官，甚至导致所谓的"黑视症"（Blackout）。

现在战斗机所能承受的最大G值是9g，也就是说，超过这个值，飞机就会有解体的可能。所以，战斗机飞行员在训练的时候，他承受的G值不可能超过9g。

航天员在升天时所承受的G值为（4～4.5）g，还没有F1赛车手承受的G值大。航天员在训练时其承受的G值一般不会超过9g，否则会对航天员的身体造成伤害。

在流行于美国的Top Fuel改装车直线加速赛中，0—160千米/时的加速时间最快只需0.86秒，按照上页介绍的G值计算方式，其纵向加速度G值高达5.3g

G 值极限

-3g——人体所能承受的最大负G值是-3g，如果超过此值，人体血液会快速涌向大脑并使脑部血管爆裂。

0g——太空失重状态。

1g——正常重力状态，也就是你现在的状态。

3g——在大型过山车的最底部时所承受的G值。

4.3g——民用飞机所能承受的最大加速度G值。

5g——如果持续承受如此大的加速度G值，多数人会感觉眼前一片黑暗。

9g——战斗机飞行员和航天员训练时所承受的最大G值。

用手机扫一扫，即可观看F1赛车G值图视频

汽车什么时候达到最高车速？

知识点： 二力平衡 牛顿第二定律 最高车速 行驶阻力

为什么一些超级跑车的最高速度可以达到300千米/时或更高，而一些家用汽车的最高车速只有180千米/时？汽车的最高车速与什么有关？

当发动机驱动车轮旋转时，汽车在牛顿第三定律（即作用力与反作用力定律）的作用下，汽车就会受到来自地面的推动力，驱使汽车越跑越快。同时，汽车在奔跑中还会受到多种阻止汽车前进的力量，即行驶阻力。行驶阻力主要是空气阻力，还有传动机构的机械摩擦力等。

当推动力大于行驶阻力时，汽车受到的合力方向是向前，这样就会使汽车产生向前的加速度，车速就会越来越高。

但随着汽车速度的提高，汽车受到的行驶阻力也越来越高。因为行驶阻力中的主要力量空气阻力，与车速的平方成正比，它随车速增大而迅速增大。

当汽车遇到的行驶阻力增大到与最大推动力（即输出最大功率时）相等时，这两个大小相等、方向相反的力就达到彼此平衡，相当于汽车受到的总外力为零。那么，根据牛顿第二定律，汽车的加速度此时也为零，汽车速度不再增加，即达到了最高速度。

由此看来，汽车的最高速度主要与汽车的最大驱动力及所受的空气阻力有关。因此，最大驱动力较大的汽车，如大排量发动机汽车，或受空气阻力影响较小的汽车，如低矮扁平的流线形车身的跑车，它们的最高车速往往也比较高。这也是超级跑车都要采用大排量发动机及流线形车身设计的主要原因。

你知道吗?
Do you know

高速公路上为什么要限制车速?

既然现在汽车的最高速度可以超过300千米/时,为什么高速公路的最高限速只有120千米/时?为什么不设定为200千米/时或更高?

虽然汽车的最高速度非常高,但那是汽车在极限状态下达到的速度,而汽车在极限状态下长时间运行后非常容易"筋疲力尽"而导致故障出现。就像我们人一样,如果总处于亢奋状态或极限状态,再强壮的身体也受不了。为了安全起见,也为了保持汽车的寿命,便将汽车限制在一个合适的速度下行驶。

另外,汽车速度越高,其制动距离也越长。现在的普通轿车以100千米/时的速度开始紧急制动后,也要继续行驶40米左右后才能完全停止。而作为重量比较大的大型载货汽车、大客车等,它们的制动距离还会更长。或者说,现在的制动技术还不够强大,当汽车高速行驶时如果遇到紧急情况,很容易造成严重事故。

最高速度参考示意图

蜗牛　0.05千米/时

人步行　6.5千米/时

人骑自行车　15千米/时

野兔　65千米/时

赛马　70千米/时

猎豹　100千米/时

奥迪A4L 30　205千米/时

奥迪R8　320千米/时

布加迪威航16.4　407千米/时

Thrust SSC(陆地速度纪录创造者)　1228千米/时

Thrust SSC(SSC是超音速汽车之意)喷气汽车,曾创下1228千米/时的世界陆地速度纪录

汽车最快纪录是怎样诞生的？

知识点：速度纪录

从理论上讲，汽车的终极速度是光速——10.8亿千米/时！实际上汽车的速度连光速的百万分之一也达不到。

为了提高车速，可以将汽车的发动机使劲往大做，可以将气缸数加倍再加倍，把排量增大到不能增大为止，但发动机的转速仍然有限，因为受机械运转条件限制，活塞在气缸内的运动速度就这么快。目前最高的发动机转速应是F1赛车的发动机转速，可以达到19000转/分，再提升就困难了。有人说了，是否可以通过扩大变速器的变速比来提高车轮的转速呢？当然可以，但只要是机械部件运转，它都有个极限。因此，为了创造新的陆地速度纪录，人们从20世纪60年代就开始采用喷气式发动机来替代传统的活塞式发动机，并屡屡创造陆地速度纪录。目前的最高陆地速度纪录已超过音速（大约1224千米/时），达到1228千米/时，在1997年10月由Thrust SSC喷气汽车创造。

1899 年——109 千米 / 时

比利时人凯米利·耶拿兹（Camille Jenatzy）成为驾驶车辆突破60英里/时（96千米/时）的第一人。他驾驶的是一辆电动车，而且这辆车的四个轮子和驾驶人的上身都露在外面，很像是一个鱼雷。在这一年，耶拿兹驾驶这辆电动汽车三次创造最高车速纪录，达到惊人的109千米/时，并且是突破100千米/时车速的第一人。

1904 年——146 千米 / 时

1904年，美国著名的汽车制造商亨利·福特，将汽车速度纪录提高到146千米/时。当时福特与副驾驶人胡佛一起驾驶车辆，胡佛蹲在副驾驶位置的地板上负责控制加速踏板加速，而让福特专注于操纵转向。创造纪录的场地是在密歇根州St.Clair湖的冰面上。

1904年创造车速纪录的福特Arrow LSR汽车

1906 年——155 千米 / 时

1906年，英国人Dorothy Levitt创造了女性驾车陆地速度纪录，她驾驶一辆敞篷汽车最高速度达到155千米/时。

1909 年——202.7 千米/时

1909年，一辆名为布利琛·奔驰的改装特制车辆，突破了200千米/时大关，达到创纪录的202.7千米/时。此车由乔治·登赫尔设计，尖尾，子弹头散热器罩，全长4.8米，重1吨半，发动机有4个大气缸，总排量高达21.5升。

1927 年——327.98 千米/时

1927年，英国人亨利·沙格雷夫在阳光公司订购一辆独特的汽车——阳光（Sunbeam）。此车的车头和车尾各有一台22.4升的V12发动机，每台可输出500马力的功率。两个发动机经由齿轮结合，由传动链驱动后轮。车长7.14米，总重3吨多。沙格雷夫驾驶阳光在美国佛罗里达州创造了327.98千米/时的世界速度纪录。

1929 年——372 千米/时

1929年，又是英国人亨利·沙格雷夫，他驾驶一辆名为金箭（Golden Arrow）的特制汽车，创下372千米/时的世界陆地速度纪录。金箭采用V12发动机，最大功率可达925马力。车身像飞机那样由薄铝片制成，外形壮观，全长8.45米，净重3.7吨。

1964年——690.7千米/时

　　为了打造试图创造陆地速度纪录的蓝鸟CN7（Bluebird CN7），整个英国汽车工业几乎被动员了，终于在1960年制成这个外形更像飞机的汽车。蓝鸟长9.15米，重6吨，最大功率高达4100马力，经过几次尝试，1964年7月17日在澳大利亚埃尔湖创下了690.7千米/时的世界最高车速纪录。这也是活塞式发动机汽车迄今创下的最高车速纪录。

你知道吗？
Do you know

最早的车速测量和记录

　　自汽车诞生以来，"这车的车速有多高"便成为人们常问的问题。但直到1898年12月，在Archneres举行的一次汽车比赛中，正式采用了计时器及秒表，才准确算出汽车速度。当时车速较高的是名为Jeantand的电动汽车，达到62.2千米/时。

　　1909年，汽车俱乐部国际联合会（AIACR）成为车速记录的权威。1911年，在英国皇家汽车俱乐部的鼓吹之下，AIACR立下规定，计算速度须按同一路线来回行驶的两个速度平均数计算，以确保车速不受风向、地面倾斜等影响。

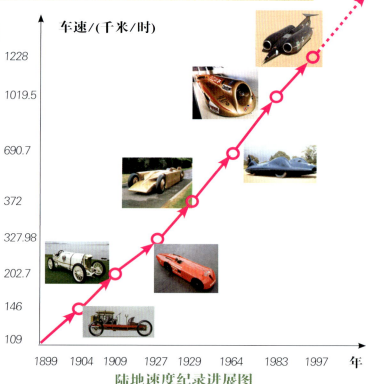

车速/(千米/时)

陆地速度纪录进展图

1983 年——1019.5 千米／时

1983年10月4日，英国人理查德·诺布尔驾驶喷气式发动机汽车推力2号（Thrust 2），在美国内华达州的黑岩沙漠创下了1019.5千米/时的世界陆地速度纪录。

推力2号使用一台劳斯莱斯Avon 302型喷气式飞机发动机，可产生7700千克力的推力。制动时车尾弹出两个降落伞来协助让汽车停下来。推力2号总重4吨，它的车轮是实心铝制，不使用橡胶轮胎，以防高速行驶时车轮被撕裂。

1997 年——1228 千米／时

1997年10月15日，由英国皇家空军飞行员安迪·格林驾驶的推力SSC（Thrust SSC）（SSC是超音速汽车之意）汽车，在美国著名的黑岩沙漠上，创造了1228千米/时的世界陆地速度纪录，超过了声音的速度（约1224千米/时）。

推力SSC由前陆地速度纪录创造者英国人理查德·诺布尔筹资制造。它采用两台曾用于幻影战斗机的劳斯莱斯喷气发动机。它的总功率相当于1000辆小轿车或145辆F1赛车的功率。虽然推力SSC重达10吨，但它可以在4秒内由静止加速到161千米/时，并可以在16秒内由静止加速到1000千米/时。

这可不是飞机迫降，但也不是汽车，它更像是紧贴地面飞行的喷气飞机，或干脆说它是一种速度器罢了

最早的汽车比赛 你知道吗？ Do you know

尽管存在着多种有争议的记录，但是，第一次汽车赛的时间应该是1878年，从美国威斯康星州的格林贝到麦迪逊，全程324.3千米，获胜者是一辆来自奥什科什的蒸汽汽车。

国际汽车联合会（FIA）认为汽车比赛的诞生日应为1894年6月11日，由法国《小人物》（Le Petit）杂志的新闻负责人皮埃尔·吉法尔在巴黎举办的，从巴黎经里昂返巴黎，赛程为126千米。登记参加竞赛的车有102辆，结果只有9辆到达终点，一辆蒸汽发动机汽车获得了第一名。获胜者的汽车速度仅为24千米/时，赢得的奖品是一瓶香槟和两个熟鸡蛋。

两车迎面相撞时，谁会更危险？

知识点：牛顿第三定律 牛顿第二定律 加速度

当两辆汽车迎面相撞时，什么样的汽车会更危险？这要根据具体情况具体分析。可以将相撞情况分为三种：两辆重量相差悬殊的汽车，如一辆载货汽车、一辆小轿车；两辆重量相当的汽车，如两辆小轿车；两辆车身大小相差较大的汽车，如一辆三厢大型轿车，一辆两厢微型轿车。

当重量相当的两辆汽车相撞时，车身安全性差者会更危险。

根据牛顿第三定律（作用力与反作用力定律），两车迎面相撞时，它们所受到的撞击力大小完全相同。那么，它们受伤害的程度就要取决于车身的安全性了，谁的车身安全性差，谁就会更危险。

或许有人说，较轻的汽车在碰撞中的位移可能更大，更容易"弹开"，就像一大一小两个钢球，它们相互碰撞后小球会离开而大球可能不动。然而，汽车不是实心的钢球，而且轿车的前部都有碰撞吸能设计，它可以阻止汽车之间"硬碰硬"。因此，同重量级的汽车相撞时，不会出现一车碰撞后纹丝不动，而另一辆车被撞飞的现象。此时，车身安全设计及被动安全保护，才是影响车内人员伤害程度的关键因素。

当重量相差悬殊的两辆汽车对撞时，重量轻者可能会更危险。

根据牛顿第三定律（作用力与反作用力定律），两车迎面相撞时，它们所受到的撞击力大小完全相同。再根据牛顿第二定律（加速度定律），当两物体所受外力相同时，重量越轻的物体，其加速度越大，受到的冲击自然也越大，从而导致车内人员的处境也会更危险。

举例说明。两车以60千米/时的速度迎面对撞，其中一辆车重量是另一辆车的两倍。两辆车相撞后重车与轻车一起按重车原来行驶的方向继续以20千米/时的速度前进。此时重车的速度变化是40千米/时(60-20=40)，而轻车因行驶方向改变，其速度变化为80千米/时〔60-(-20)=80〕。速度变化越大，其加速度G值就较大，车内人员所受到的冲击也就更大。

当车身大小相差较大的两车相撞时，车身较小者可能更危险。

根据牛顿第三定律（作用力与反作用力定律），两车迎面相撞时，它们所受到的撞击力大小完全相同。两车的车头可能被撞折（或吸能溃缩）同样的长度。那么，车身较大的汽车，其车头长度相对较长，这样驾驶室受损程度就会较小，车内人员可能就会较安全；而车身较小的汽车，车头长度相对较短，其驾驶室的受损程度就会较大，车内人员可能就会较危险。

大车拥有较长的碰撞缓冲距离

小车的碰撞缓冲距离较短

根据作用力与反作用力相等的原理，相撞的两辆车所受的撞击力相等，被撞陷的长度也应近似。但由于小车的碰撞缓冲距离较短，和大车相撞时可能要吃亏

汽车上都有哪些摩擦力？

知识点：摩擦力

在汽车上存在许多摩擦力，它们一些是我们的"朋友"，可以保证汽车安全行驶；另一些则是"敌人"，可能影响汽车前进甚至导致危险发生。可以说，汽车就是在摩擦中前进、转弯和倒退的。汽车离不开摩擦力。如果没有摩擦力，汽车只能成为一堆废铁。

那么，什么是摩擦力？

任何物体的表面都不像你所看到的那样光滑，表面上都有微小颗粒存在。当它接触其他物体时，这些微小颗粒便会阻止物体之间产生相对滑动。这种阻止物体相对滑动的力量，就称为摩擦力。

空气阻力也是摩擦力

汽车行驶中遇到的空气阻力，也是一种摩擦力。当汽车行驶时，空气分子会与汽车车身表面产生摩擦力，这种摩擦力就是我们常说的风阻或空气阻力。汽车行驶速度越快，风阻就越大，而且是与车速平方成正比。比如，车速120千米/时时所受的风阻，是车速60千米/时时的4倍。

抓地力就是摩擦力

汽车正是依靠车轮与地面间的摩擦力前进的，这种摩擦力又被俗称为抓地力。

发动机产生动力，通过变速器调节转矩与转速，再经过传动机构接力传递，最终驱动车轮转动。当车轮转动时，轮胎表面与地面之间产生摩擦力，俗称抓地力。这个抓地力实际上是汽车推动地面往后走的力量。根据作用力与反作用力定律，此时地面会向汽车施加一个反作用力，这个反作用力大小与驱动力相等，但方向相反，因此也就推动汽车向前运动。

只有轮胎上存在抓地力时，汽车才能行驶。当轮胎与地面之间摩擦力为零时，或者说轮胎完全失去抓地力时，车轮便会打滑、空转。

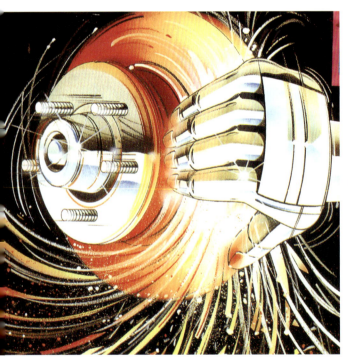

脚踏板上的摩擦力

脚踏板对安全行车非常重要，如果在制动时脚从制动踏板上滑下，结果可想而知。因此，脚踏板上必须有足够的摩擦力，使脚掌不至于从上面滑下。因此，汽车上的脚踏板都设计成防滑式的，要么在上面安装一个橡胶套，要么设计成打孔或刻线式的，从而保证鞋底与踏板之间有足够的摩擦力。

手掌上的摩擦力

仔细看下你的指纹和掌纹，它和轮胎上的花纹非常相似，它的作用也是增加摩擦力，使手握方向盘时不至于滑动。为了增加摩擦力，一些汽车的方向盘都用真皮包裹，更有一些汽车的方向盘设计成凹凸状，以便与手紧贴在一起。

制动时的摩擦力

汽车制动的过程其实就是摩擦力充分展现其魔力的过程。驾驶人踩踏制动踏板后，促使制动片与制动盘之间产生剧烈的摩擦。由于长时间的摩擦，制动片也成为消耗品，制动片会越磨越薄，行驶一定里程后就得更换。

车轮减速后要想让汽车也能跟着减速或停止，更得依靠轮胎与地面的摩擦力。正是轮胎与地面之间的摩擦力才使汽车前进的速度减缓直至停车。我们常在紧急制动后看到车轮后留下黑黑的制动印迹，其实就是轮胎胎面上摩擦下来的橡胶颗粒。

座椅表面的摩擦力

在你的衣服和座椅面之间也存在一定的摩擦力，否则当紧急制动或急转弯时你就会从座椅上滑下来。相对而言，布料蒙面的座椅更防滑，它的摩擦系数更大。真皮材料的座椅蒙面实际上会更滑一些。

变速器内部的摩擦力

一般来讲，在运转机构的内部，都存在一定的摩擦，比如齿轮与齿轮之间、轴承内部等，只要是机械之间有相互接触的运动，就会有摩擦。因此，在变速器内部必须注有一定的润滑油，以减轻机械部件之间的磨损，使机件之间的运转更顺畅。

活塞与气缸间的摩擦力

发动机中运动最频繁的可能要数活塞了，每分钟数千次的上下运动，会造成活塞与气缸之间的强烈摩擦。活塞与气缸之间的配合如果过于紧密，那么它们之间的摩擦就相对比较严重，会造成更多的能量损失；如果配合较为松散，则会影响动力性能的发挥。因此，在活塞与气缸壁之间，都注入一定的润滑油，使它们之间既紧密配合，又能灵活相对运动。其实，加入到发动机中的机油，主要就是用于活塞与气缸之间的润滑。

离合器中的摩擦力

离合器相当于汽车的动力开关，它可以将发动机传向驱动轮的动力完全切断或接合。当换档时就得先把离合器踏板踩下（只限手动档汽车），然后才能换档。离合器的"离"和"合"其实就是通过一个摩擦盘实现的，这个摩擦盘就是我们常说的离合器盘。当我们没有踩下离合器踏板时，离合器的从动盘与主动盘压在一起，它们之间是离合器摩擦片，在巨大摩擦力的作用下，主动盘和从动盘一起转动，从而可以将发动机输出的动力传递到变速器中。如果踩下离合器踏板，就会使主动盘与从动盘分离，它们之间不再有摩擦力，这样就无法将发动机输出的动力传递到变速器中。

轮胎上为什么要有花纹？

知识点：轮胎 摩擦力

人们走路时就是依靠两个鞋底与地面的摩擦力前进的，因此鞋底都设计成花纹状，以保证鞋底拥有足够大的摩擦力。

汽车行驶时也是一样，依靠车胎与地面间的摩擦力前进。而轮胎上花纹的主要作用，就是为了保证轮胎拥有足够的摩擦力。

汽车行驶时，每个汽车轮胎与地面的接触面只有一个鞋印大小，总面积是成人鞋底面积的两倍，但它们要承受相当于20个成人的重量，行驶速度则是成人的10倍还多。因此，轮胎花纹不仅要比鞋底花纹深很多，而且还要有足够大的强度和韧性，以便能满足汽车快速奔跑时对速度、舒适性和安全性的要求。

F1赛车在无雨天气时会采用一种没有花纹的轮胎，即干燥胎，俗称"光头胎"。这是为了增大轮胎与地面的接触面积，从而增大摩擦力，即轮胎的抓地力，从而使赛车发挥出超常的性能。但这种轮胎只能在干燥、平整的赛道使用，而在公路上则不适用，如果遇到些沙土、碎石、水渍等，就可能打滑。

一个轮胎的着地面积和成人的一个鞋印面积相当

轮胎上为什么要有沟槽？

知识点：摩擦力　轮胎沟槽

轮胎上的每个胎块和沟槽都不是随便设计的，每个胎块都是有分工的，它们各司其职。

一般最中间的胎块及两侧的肋块形成轮胎摩擦地面的主要区域，它们的作用就是要紧紧地抓着地面。

胎块和肋块之间的沟槽则起到排水的作用。当在雨水中行驶时，道路上的雨水可以通过这些沟槽及时排出去，以免在轮胎和地面之间形成一层水膜，而水膜会使轮胎与地面间的摩擦力降低甚至为零，会容易导致汽车打滑失控。一辆以100千米/时速度行驶的汽车，每秒钟从轮胎下面要排出大约8升的雨水。

轮胎边沿上细沟槽的作用则是可以让轮胎变形弯曲，以保证汽车的操控性能。

胎肩的作用则是在汽车转弯时可以保证轮胎有足够的抓地性，因为此时胎肩也要接触地面。

轮胎上还会有非常细的沟槽，在干燥路面上行驶时，可以提高汽车的舒适性；在雨水道路上行驶时可以及时切破水膜，提高汽车的安全性。

如果轮胎花纹比较细腻，沟槽也比较浅，而且比较扁平，那么它可能就是偏重运动特性的干燥轮胎；反之，如果轮胎花纹较大，沟槽较深，那么就可能是雪地或冬季轮胎了。

大沟槽　胎块　肋块　细沟槽　胎肩

轮胎花纹为什么多种多样？

知识点：轮胎性能

汽车轮胎上的花纹花样百出，几乎没有重复。其实，每款车的轮胎花纹都是根据车型定位而设计的。

单导向花纹

轮胎的花纹具有明显的方向性，一般为V字形。其特点是排水性能较佳，适用于中高级别轿车。

非对称花纹

轮胎的花纹左右不对称，对高速过弯时的操控性能极为有利，适用于运动性车型。

条形花纹

轮胎花纹呈条状，其特点是不易侧滑，噪声小，但制动性能一般，适用于普通轿车。

块状花纹

轮胎花纹相互独立，其特点是抓地力强，适用于越野车辆。

羊角花纹

轮胎花纹像是羊角，具有极强的抓地力和制动力，适用于工程车辆。

非对称花纹

块状花纹

羊角花纹

单导向花纹

条形花纹

轮胎及轮胎花纹

轮胎为什么都是黑色的?

知识点：轮胎材料 炭黑

橡胶轮胎发明后，由于在橡胶中的添加剂不同，其颜色并不固定。1915年，由于在轮胎制造时加入了炭黑（carbon black），橡胶呈现墨水般的纯黑色，而且这种轮胎的耐磨性极高。此后，黑色轮胎便流行起来。

到了20世纪30年代，随着汽车成为财富和社会地位的象征，不少汽车轮胎的外侧壁都被刷上了白漆，彰显个性。但是这种轮胎最大的缺点是使用一段时间后，白色油漆会逐渐剥落，很不雅观，后来白色轮胎就逐渐消失了。

胎肩　　胎面

钢丝带束层

胎体

胎圈钢丝

胎侧

轮胎结构示意图

轮胎的结构　你知道吗? Do you know

轮胎的最外层是特别耐磨的厚厚的橡胶层，正是它与地面直接接触，依靠它与地面的摩擦力才使汽车能灵活地前进和转弯。

它上面的花纹主要是为了增进轮胎的排水功能，保证轮胎的抓地力。

在橡胶层下面是坚固而有弹性的钢丝带束，它能防止轮胎发生突然爆破现象。

在钢丝带束下面是支撑轮胎并起骨架作用的胎体，它对减小轮胎变形起较大作用。一般它也是由钢丝及其他材料制成的。

车轮为什么有时会打滑？

知识点： 地面附着力 驱动力 受力分析 卡姆圆

车辆在公路上高速行驶时，最危险的就是驱动车轮打滑，尤其是在弯道上发生打滑现象时。在弯道上行驶，如果是后驱车辆的后轮打滑，那么汽车就会产生甩尾现象，导致汽车掉头、转圈；如果是前驱车的前轮打滑，那么汽车就会直线行驶，也就是不转弯了，直直地冲出路面。车轮打滑后，驾驶人就很难控制车辆，此时只能是"被驾驶"了。为了探究车辆在弯道上的打滑现象，我们先分析车辆打滑的原因是什么。由于前轮兼有转向作用，我们就以前轮驱动的车辆来分析。

前驱车的前轮在转向时承受三种力：驱动力、转向力、轮胎附着力。

驱动力大小与汽车当时的动力输出及驱动方式有关；转向力大小与转向角度有关；附着力大小则与轮胎和地面条件有关。这三者的关系可用一个受力圆（即卡姆圆）来表示。

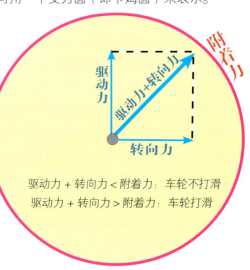

驱动力 + 转向力 < 附着力：车轮不打滑
驱动力 + 转向力 > 附着力：车轮打滑

前驱车前轮卡姆圆示意图

如果驱动力和转向力的合力小于附着力，也就是说附着力没有被突破，那么车轮就不会打滑，否则车轮就要打滑。当地面干燥良好时，附着力较大，此时不容易被突破，因此车轮很难产生打滑现象。而在湿滑路面上，如雨水、冰雪等路面，地面的附着系数很小，此时的车轮附着力就相对较小，它很容易被驱动力与转向力的合力所突破，进而产生打滑现象。

在受力图中可以看出，如不想让汽车打滑，可以采取三大措施：

1）增大车轮附着力。这可以通过换用冬季轮胎或性能更好的轮胎、选择干燥和良好路面等方法实现，但这与驾驶人的操作技术或车辆其他性能无关。

2）减小转向力。这可以通过缓打方向盘、以较缓角度转向等方法实现。

3）减小驱动力，这可以通过轻踩加速踏板或采用四轮驱动方式来实现。

四驱车为什么不易打滑？

知识点： 驱动力 受力分析

从P28中知道，只有当驱动力和转向力之和大于车轮附着力时，车轮才会打滑。因此，减小每个车轮上的驱动力可以减小车轮打滑的可能性。但如果直接减小驱动力，又会降低汽车速度，如果为了防止打滑而让汽车慢慢前进，岂不是有点因噎废食。因此，怎样在不减小总驱动力的前提下降低车轮打滑的可能性，就成了汽车安全专家们的课题。其中将驱动力由原来的两个车轮上分配到四个车轮上，也就是采用四轮驱动方式，成了较为有效的解决方案。

四轮驱动系统可以将驱动力分摊到四个车轮上，可以降低每个车轮上的最大驱动力，从而使驱动力与转向力的合力小于附着力，这样就降低了车轮打滑的可能性。

在前驱车上，每个前轮的驱动力为总驱动力的50%，而四驱车上前轮的受力只有25%左右，理论上可以降低驱动力一半，那么驱动力与转向力的合力就相应小得多，这样就不容易突破车轮的附着力，尤其是在附着系数较小的湿滑路面，四轮驱动系统的作用就会显得更为重要。

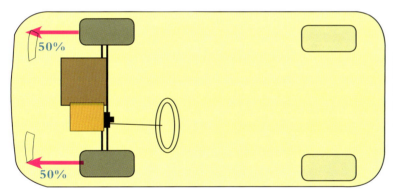

前轮驱动汽车的每个驱动轮要承担50%的驱动力，这样很容易突破车轮的附着力，从而导致车轮打滑

前轮驱动汽车驱动力分布

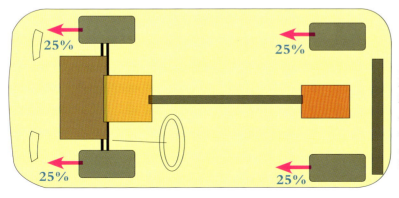

四轮驱动汽车的每个驱动轮只承担25%的驱动力，相对而言，车轮上的驱动力不容易突破车轮的附着力，从而减小了车轮打滑的可能性

四轮驱动汽车驱动力分布

汽车转弯时打滑会发生什么？

知识点： 转向不足 转向过度

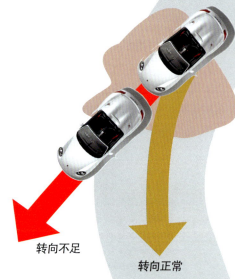

转向不足

转向正常

前驱车前轮打滑导致转向不足

对于前轮驱动的车辆来说，如果在转弯时前轮打滑，前轮就失去转向作用，使汽车无法转向，只能按照惯性沿原来行驶方向继续前进。那么，汽车就不会像驾驶人所希望的那样转弯，转弯角度很小或没有，可能会直直地冲向弯道外侧。

汽车的实际转向角度小于驾驶人想要转的角度，称为转向不足，俗称"推头"。

导致转向不足现象的发生，一般是由于入弯速度太高，或在弯道中突然猛打方向盘造成的。

应对办法：松开加速踏板，如有可能可向弯道外侧稍回一点方向盘，并马上再恢复原来的转向角度。

转向不足

转向正常

转向过度

后驱车后轮打滑导致转向过度

对于后轮驱动的车辆来说，如果在转弯时后轮打滑，此时汽车就像是个圆规，前轮因为仍有抓地力而成为圆规的固定点。汽车会以前轮为中心、以轴距为半径画圆，车头指向弯道内侧，汽车尾部甩向弯道外侧，甚至使汽车出现原地打转现象。

汽车的实际转向角度大于驾驶人所要转的角度，称为转向过度，俗称"甩尾"。

导致转向过度现象的发生，一般是在过弯时突然加速或制动造成的。

应对办法：将脚从加速踏板和制动踏板上移开，如有可能可向弯道内侧回一点点方向，然后再回到原来的转向角度。相比较而言，纠正转向过度比纠正转向不足的现象更难。

转向过度

转向正常

转向正常

四轮打滑导致车辆 向弯道外侧平移

在过弯时，如果四个车轮同时打滑，此时车辆只受到离心力及原来前进的惯性作用，它就会按径向方向及原来前进方向，向弯道外侧平移。这有点像在超市中从侧面推手推车那样，整个车辆沿直线平行移动。

陈总编爱车热线书系

汽车为什么能在墙上奔跑？

知识点： 离心力　摩擦力　受力分析

在环形高速试车道上，当汽车达到一定高速时，它就会"爬升"到试车道的上部。

在马戏团也常常有一个名为"死亡墙"的表演，在一个非常陡峭的圆壁上，杂技演员驾驶摩托车甚至是汽车，可以垂直地行驶在陡峭的墙壁上，汽车和摩托车就像是悬挂在圆形墙壁上。难道这些车辆就不受重力吸引吗？显然不是的，它们能悬挂在墙壁上的主要原因有两个，一是离心力的作用，二是摩擦力的作用。

任何物体沿圆周运动时都会受到一个离心力的作用，也就是有一个力量向圆外推动物体。

洗衣机就是利用这个原理对洗好的衣服

环形高速试车道上的汽车在离心力、摩擦力、重力和地面支撑力的共同作用下，保持一种平衡。然而，如果汽车速度减小，离心力就会减小，使汽车失去平衡，滑落下来后再建立新的平衡

进行甩干。当汽车转弯时，坐在车内的人往往就会感觉身体向外侧倾斜。这都是离心力的作用，离心力在试图将你推向弯道的外侧。

当物体沿圆周运动速度越快时，它所受到的离心力也越大。

当汽车沿圆周高速运动时，非常大的离心力会将汽车狠狠地压向墙壁上，而轮胎与墙壁之间的摩擦力又会使汽车继续快速运动。当汽车慢慢将速度降下来时，离心力也逐渐减小，当小于重力时，汽车就会从墙壁上滑下来。

第二章 Chapter Two
机械与应用
Mechanical&Application

汽车上哪些地方有杠杆？

知识点： 杠杆原理 力的放大

当力弱者驾驶汽车时，如果力不从心就可能造成麻烦。为此，在方向盘、脚踏板和变速杆上，都应用了杠杆原理来设计，从而减轻驾驶人的操作负担。驾驶人只需用较小的力，就可以轻松操作汽车。

"给我一个支点，我就能撬起地球！"相传这是古代发现杠杆原理的阿基米德说的话。

杠杆的作用就是要"四两拨千斤"，以较小的力量来操作较大的力量，或者是起到放大力量的作用。

杠杆原理：要使杠杆平衡，作用在杠杆两端上力的大小跟它们的力臂成反比。

满足下列三个点的系统，基本上就是杠杆：支点、施力点、受力点。例如，变速杆就是一个杠杆。尤其是操纵手动变速器时，需要较大的力量来拨动换档拨叉，来切换各档位的齿轮组合。为此，在变速杆上设立一个支点，并且使下面的力臂较短，从而在受力点获得较大的操纵力。

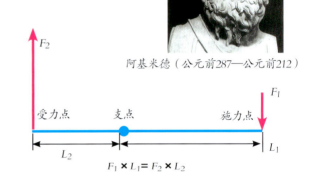

阿基米德（公元前287—公元前212）

$$F_1 \times L_1 = F_2 \times L_2$$

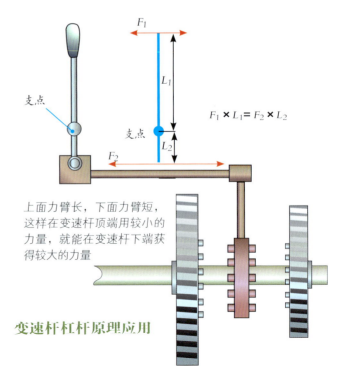

$$F_1 \times L_1 = F_2 \times L_2$$

上面力臂长，下面力臂短，这样在变速杆顶端用较小的力量，就能在变速杆下端获得较大的力量

变速杆杠杆原理应用

汽车为什么需要变速器？

知识点： 功率 = 转速 × 转矩　齿轮变速原理

　　最早的汽车是没有变速器的，只有发动机和减速机构，因此输出到车轮上的转速恒定不变。由于动力传输中功率也基本保持不变，那么，根据功率=转速×转矩，输出到车轮上的转矩也基本保持不变。这样的汽车在平道上奔跑没有问题，但上坡时就比较费劲，因为上坡需要更大的转矩输出到车轮上。

　　为了提供更大的转矩到车轮上，使汽车能够自如地在坡道上行驶，就必须控制车速使其上坡时能减速，从而增大转矩输出。

　　齿轮变速原理：当用小齿轮带动大齿轮时，大齿轮的转速降低，同时转矩升高。

　　根据齿轮组合能够降低转速、增大转矩的原理，可以用很小的力来提升很重的物体，甚至一只小老鼠利用一个设计合理的齿轮组合，就能将一头牛提起来。

　　汽车变速器就是根据齿轮变速原理，将发动机输出的高转速、低转矩，转换成低转速、高转矩的，从而适应坡道及平直道路的行驶。

在齿轮组合传动中，传动比越大，其输出的转速越小，但其输出的转矩却越大。利用这个原理，可以想象，如果齿轮组合的传动比足够大，那么一只老鼠也可以提起一头牛

齿轮放大转矩原理示意图

变速器为什么有多组齿轮？

知识点： 齿轮组 齿轮传动比

由输入动力驱动的齿轮称为主动齿轮；由主动齿轮驱动的齿轮称为从动齿轮。

从动齿轮与主动齿轮的齿数之比，称为齿轮传动比。

如从动齿轮的齿数是20个，主动齿轮的齿数是10个，那么这个齿轮组合的传动比就是20÷10=2。

一个主动齿轮与一个从动齿轮组合成一个齿轮组。每个齿轮组都对应一个传动比，每个齿轮组的传动比都不相同。

档位越低，其传动比越大，输出的转矩越大，但转速越低；

档位越高，其传动比越小，输出的转矩越小，但转速越高。

当传动比大于1时，表明从动齿轮比主动齿轮大；当传动比小于1时，表明从动齿轮比主动齿轮小；当传动比等于1时，表明两个齿轮大小一样（实际上是直接传动，不再通过齿轮组合）。

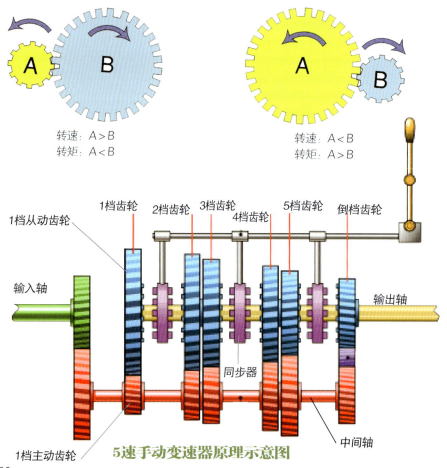

当驾驶汽车上桥或爬坡时，如果感觉汽车动力不足，我们就会降低档位，实际上是更换传动比更大的齿轮组合，此时变速器输出的转速就会相对降低，但转矩增大；如果升高档位，即换传动比较小的齿轮组合，此时变速器输出的转速就会提高，但转矩会相应减小。

实际上，变速器的英文名称Transmission的意思并不是"变速器"或"转速变化的机器"，而是指"传送"或"传动装置"。因为，它不仅可以变换转速或车速，也能变换输出转矩。它既能调节速度，也能调节动力输出。

变速器各档位传动比值示例			
档位	4速变速器	5速变速器	6速变速器
第1档	2.92	3.42	4.15
第2档	1.56	2.21	2.33
第3档	1.00	1.60	1.53
第4档	0.71	1.00	1.15
第5档	—	0.75	1.00
第6档	—	—	0.79
倒　档	2.38	3.02	3.67

你知道吗？
Do you know

最早的齿轮变速汽车

最初的汽车没有变速器，而且只进不退。法国工程师瑞尼·潘哈德（Rene Panhard）和埃米尔·拉瓦索尔（Emile Levassor）于1894年在潘哈德-拉瓦索尔（Panhard &Levassor）牌汽车上装上齿轮变速器后，邀请不少新闻记者进行变速表演。然而，偏偏在这个时候发动机出了毛病，怎么也起动不了。尽管他们在哄笑中讲完了齿轮变速器的原理和作用，但仍被新闻界讥讽为"利用假把戏骗取钱财"。然而，一年后的1895年，两位工程师再次邀请新闻记者观看他们的变速汽车表演。在喜欢挑剔的记者面前，他们驾驶自己的汽车时快时慢、时进时退，用事实征服了记者，征服了汽车界。

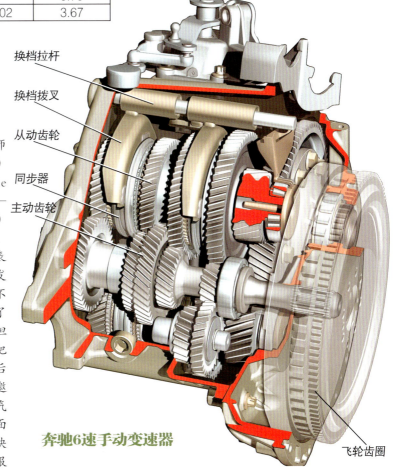

换档拉杆

换档拨叉

从动齿轮

同步器

主动齿轮

奔驰6速手动变速器

飞轮齿圈

变速器是怎样工作的？

知识点：主动齿轮 从动齿轮

手动变速器中存在多个齿轮组，每个档位就有一个齿轮组，每个齿轮组都有一个主动齿轮和从动齿轮。每个齿轮组的传动比都不一样。手动变速器的换档过程就是变换不同的齿轮组，让发动机的动力以不同的传动比传递出去。

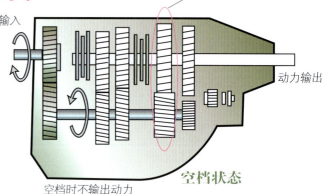

一个齿轮组合

动力输入

动力输出

空档状态

空档时不输出动力

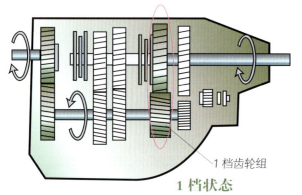

1档齿轮组

1 档状态

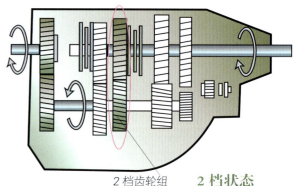

2档齿轮组

2 档状态

起步时 1 档：

1档时的齿轮传动比最大，输出的转速最小而转矩最大。当汽车起步时，由于需要较大的转矩才能让汽车从静止开始运动，因此起步时一般都挂1档。1档时汽车行驶速度最低，但输出转矩最大。我们骑自行车时也一样，蹬头几圈比较费力，等自行车走起来后再蹬就相对轻松了。

起步后 2 档：

2档时的齿轮传动比是第二大，仅次于1档。当汽车起步后开始行驶时，就可以换2档，此时可以使汽车的速度迅速增加，但仍保持较大的转矩，以保证汽车拥有足够的加速能力。

上陡坡时 1 档：

当遇到一个较陡的坡道时，就需要较大的转矩来保证汽车有足够的力量爬上坡，此时必须换入低档位，比如2档或1档，使汽车有较大的转矩爬坡。

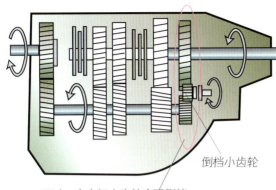

倒档小齿轮

通过一个中间小齿轮实现倒档

倒档状态

倒档：

倒档齿轮组是利用夹在主动齿轮与从动齿轮中间的小齿轮，使齿轮传动方向反转，从而使输出轴反转，让车辆可以倒行。

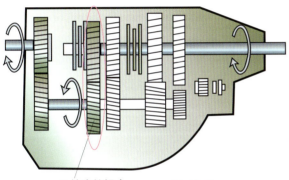

3档齿轮组合

3 档状态

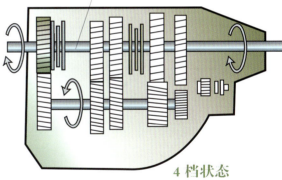

4 档直接传动，传动比是 1

4 档状态

下坡时 2 档：

当下坡时，虽然不需要什么转矩了，但为了安全，最好还是挂入低档位，利用发动机的反拖动使汽车不致行驶得太快而失去控制。

加速时 3 档：

回到直道上后，汽车可以加速前进了，此时对转矩的要求不高，可以提高变速器的输出转速了，因此可以挂3档。

高速时 4 档：

当需要继续提高汽车速度时，可换入4档或更高档位，使变速器的输出转速继续提高，从而提高汽车的速度。此时汽车对转矩的要求极低。

液体为什么能传递动力？

知识点：自动变速器原理 液力变矩器

　　自动变速器应是懒人发明的，他想减轻换档操作的劳动强度，甚至就不想来回换档，因此就在变速器中设计一套由电控单元、液压机构、电磁控制机构、多片离合器等组成的自动换档机构，它可以替代驾驶人操作离合器和档位切换。

　　自动变速器中最关键的部件是液力变矩器，它的作用相当于手动变速汽车上的离合器，不同的是它通过油液来传递动力。其原理像是两个对吹的电风扇，当一个电风扇通电旋转后，另一个电风扇也会被吹得跟着旋转。此时相当于通过空气来传递电风扇的动力。而液力变矩器中也有一对类似电风扇的部件，但它们之间的介质不是空气而是油液。通过控制油液的流动状态，就可以控制动力的传动，从而实现自动传递动力。从液力变矩器传来的动力再经后面的行星齿轮组变速，就可达到自动变速的目的。

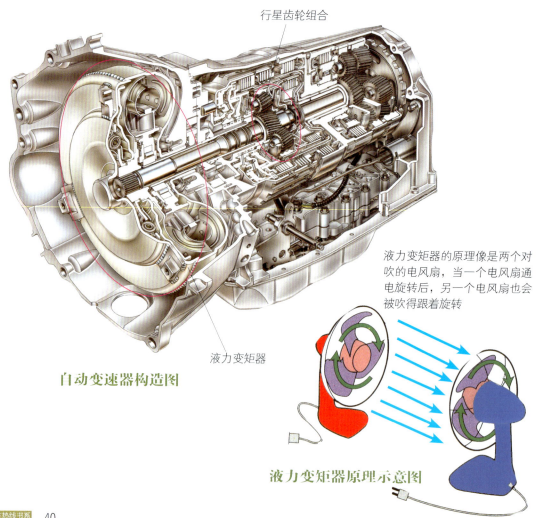

行星齿轮组合

液力变矩器

自动变速器构造图

液力变矩器的原理像是两个对吹的电风扇，当一个电风扇通电旋转后，另一个电风扇也会被吹得跟着旋转

液力变矩器原理示意图

行星齿轮为什么能变速？

知识点：自动变速器原理　行星齿轮

　　自动变速器由两大部分组成，一个是前面介绍的液力变矩器，另一个是行星齿轮变速系统。从发动机输出来的动力经液力变矩器后，就会传递到变速系统，这个变速系统虽然也是利用齿轮组合来调节传动比，但它和手动变速器采用普通齿轮的方式截然不同，而是采用行星齿轮组合，利用行星齿轮的神奇特点而调节出不同的传动比。

　　行星齿轮组合中，中间的齿轮就像是太阳，只能自转。其周围的行星齿轮可以围绕太阳轮公转。当将太阳轮或行星齿轮的其中之一固定不动时，就会变化出不同的传动比来，包括反转，从而可以输出不同的转速和转矩。

　　固定齿轮的动作由液压机构执行，而发出执行命令的则是变速器中的电控单元。它可以根据驾驶人的操作动作（如加速踏板、制动踏板、变换档位等）和车辆行驶状况（如车速、路况等）综合计算后发出。

行星齿轮变速原理示意图

　　行星齿轮组合共有三种齿轮：中间红颜色的齿轮称为太阳轮，绿色的齿轮称为行星齿轮，最外面的大齿轮称为环齿轮。

　　这三种齿轮在进行变速时分别充当固定齿轮、主动齿轮和从动齿轮。根据不同的任务分配，就可变换出多组不同的传动比来。

1. 将环齿轮固定：太阳轮为主动齿轮、行星齿轮为从动齿轮，或相反。

2. 将行星齿轮固定：太阳轮为主动齿轮、环齿轮为从动齿轮，或相反。

3. 将太阳轮固定：环齿轮为主动齿轮、行星齿轮为从动齿轮，或相反。

无级变速器是怎样变速的？

知识点： 无级变速器原理 主动轮 从动轮 传动比

无级变速器（CVT）中没有变速齿轮，它只有一对可以改变直径的传动轮。一个是负责发动机动力输入的主动轮，相当于手动变速器中的主动齿轮；另一个是负责动力输出到差速器的从动轮，相当于手动变速器中的从动齿轮。

手动变速器要想改变传动比，只能更换不同档位的齿轮组（也就是一对齿轮），而无级变速器中的传动轮直径自己是可以变化的，无须更换其他轮组，就可以调节传动比。

传动比=从动轮直径÷主动轮直径

由于主动轮和从动轮的直径都是可以变化的，因此它的传动比也是可变的。其实这就是无级变速器的变速原理。

由上面公式得知：当主动轮直径变大、从动轮直径变小时，传动比减小；当主动轮直径变小、从动轮直径变大时，传动比就增大。

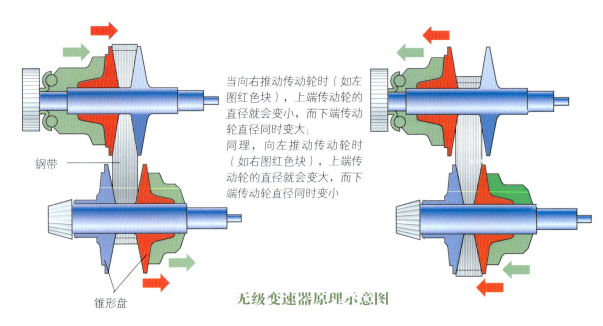

当向右推动传动轮时（如左图红色块），上端传动轮的直径就会变小，而下端传动轮直径同时变大；
同理，向左推动传动轮时（如右图红色块），上端传动轮的直径就会变大，而下端传动轮直径同时变小

钢带

锥形盘

无级变速器原理示意图

传动轮的直径为什么能变化呢？其实每个传动轮都是由两个锥形盘对扣组成的，传动钢带的边缘是个斜坡，正好和滑轮的锥面磨合在一起。当传动轮的两个锥形盘之间的距离变化时，钢带就会沿锥面上下移动，这就相当于改变了传动轮的直径，从而改变传动比。

无级变速器有省油、舒适的优点，由于没有了换档感觉，也就缺乏了驾驶乐趣。

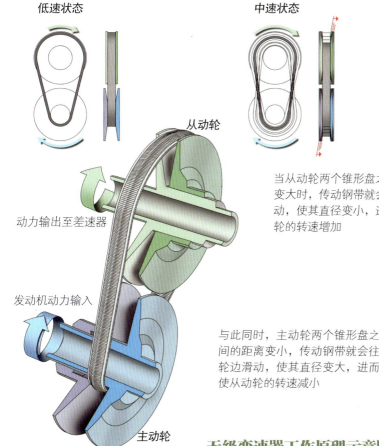

低速状态　　　中速状态　　　高速状态

从动轮

动力输出至差速器

发动机动力输入

主动轮

当从动轮两个锥形盘之间的距离变大时，传动钢带就会往轮心滑动，使其直径变小，进而使从动轮的转速增加

与此同时，主动轮两个锥形盘之间的距离变小，传动钢带就会往轮边滑动，使其直径变大，进而使从动轮的转速减小

无级变速器工作原理示意图

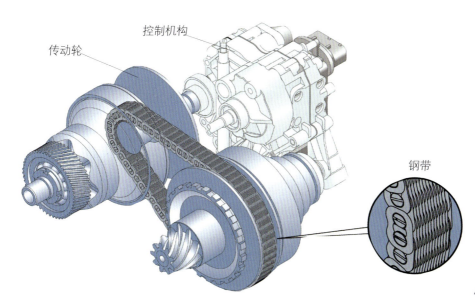

控制机构

传动轮

钢带

差速器为什么能让汽车顺利转弯？

知识点：差速器原理　行星齿轮

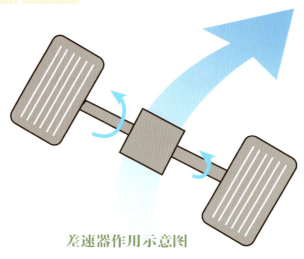

同轴上的左、右车轮在
转弯时的速度不一样，
正是差速器的"差速"
作用，才让汽车（驱动
轮）能够顺利转弯

差速器作用示意图

　　汽车转弯时，汽车左、右两侧的车轮的转速是不一样的，弯道内侧的车轮转得慢一些，弯道外侧的车轮要相对快一些。这对于非驱动轮来讲没问题，因为左右两侧的车轮本来就没有关联，各转各的互不影响。然而对于驱动轮来讲，由于左、右两侧的车轮都接受来自发动机和变速器的同样动力，要想让它们在接受同样驱动力的情况下又能和谐运转，就需要一种装置来协调左、右两个驱动轮之间的转速差。这个装置就是差速器。

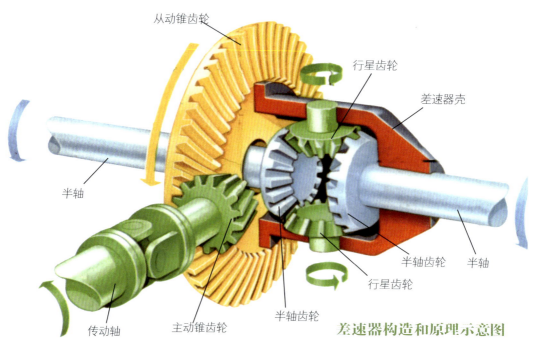

从动锥齿轮　　行星齿轮　　差速器壳

半轴　　半轴齿轮　　半轴

行星齿轮

传动轴　　主动锥齿轮　　半轴齿轮

差速器构造和原理示意图

　　差速器的核心部分一般由四个锥齿轮组成，左、右两个大锥齿轮（又称半轴齿轮）分别与左、右两侧的传动半轴相连，而中间的两个小锥齿轮则像行星一样在左、右两个半轴齿轮之间运转，因此又称它们是行星齿轮。

　　当汽车直线行驶时，左、右两个车轮的转速相同，行星齿轮只有公转没有自转，差速器的托架和两个半轴齿轮以相同的速度旋转。而当汽车转弯或其他情况导致左、右车轮转速不一样时，两个半轴齿轮产生转速差，导致中间的行星齿轮发生自转，从而吸收两个半轴齿轮的转速差，让左、右车轮在有转速差的情况下顺利过弯。

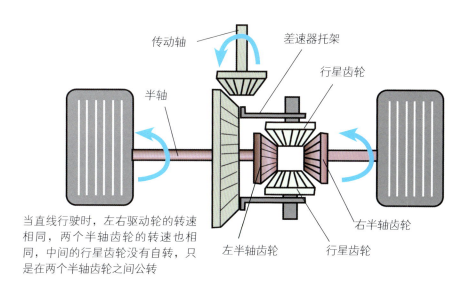

当直线行驶时，左右驱动轮的转速相同，两个半轴齿轮的转速也相同，中间的行星齿轮没有自转，只是在两个半轴齿轮之间公转

当车辆向右转弯时，左侧驱动轮的转速高，右侧驱动轮的转速低，致使左半轴齿轮转速大于右半轴齿轮，进而导致一直公转的行星齿轮开始自转

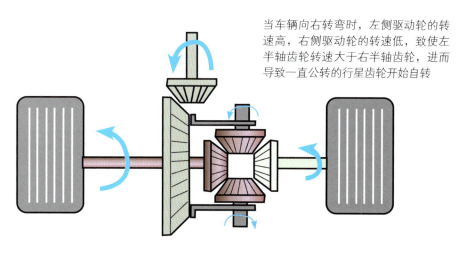

差速器工作原理示意图

汽车的制动力为什么非常大?

知识点：压强 压力 受力面积 液体压力特点

汽车奔跑时具有较大的惯性，要想让它停下来不是容易的事。但为什么只要踩制动踏板就能让汽车停下来呢？这里除了制动系统的巧妙设计之外，更重要的是利用液体压力的特点，将驾驶人脚上的力量进行放大，从而使汽车减速或停下来。

帕斯卡定律：密闭液体中的压强，能够大小不变地向各个方向传递。

布莱士·帕斯卡（1623—1662）

通俗地说，密闭容器内的液体，各处的压强相等（当然这是有条件的，即在同一深度下。液体内深度越大，压强也越大）。

压强是所受压力大小与受力面积之比。因此，在压强相等的前提下，受力面积越大，所受压力就越大。

如在液体系统中的一个活塞上施加一定的压强，必将在同一深度的另一个活塞上产生相同的压强。如果第二个活塞的面积是第一个活塞的面积的

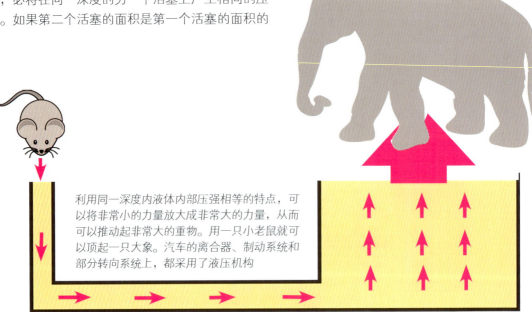

利用同一深度内液体内部压强相等的特点，可以将非常小的力量放大成非常大的力量，从而可以推动起非常大的重物。用一只小老鼠就可以顶起一只大象。汽车的离合器、制动系统和部分转向系统上，都采用了液压机构

帕斯卡液压原理示意图

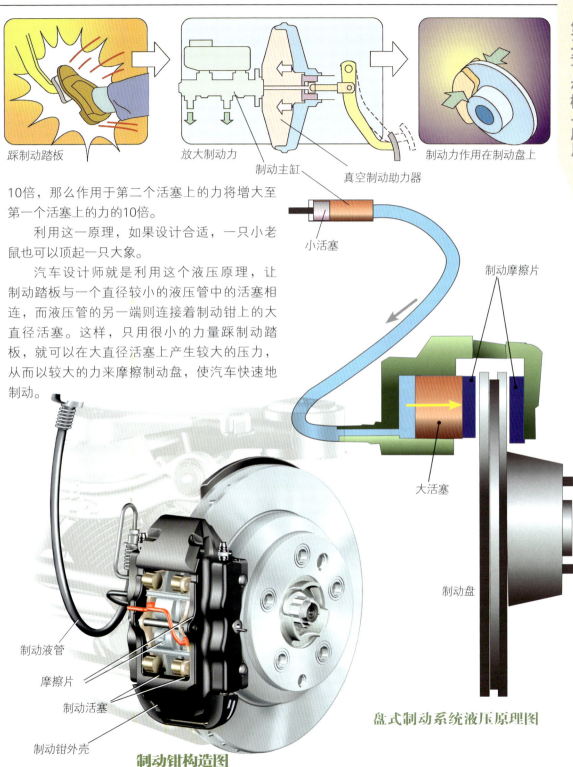

踩制动踏板

放大制动力

制动主缸

真空制动助力器

制动力作用在制动盘上

10倍，那么作用于第二个活塞上的力将增大至第一个活塞上的力的10倍。

　　利用这一原理，如果设计合适，一只小老鼠也可以顶起一只大象。

　　汽车设计师就是利用这个液压原理，让制动踏板与一个直径较小的液压管中的活塞相连，而液压管的另一端则连接着制动钳上的大直径活塞。这样，只用很小的力量踩制动踏板，就可以在大直径活塞上产生较大的压力，从而以较大的力来摩擦制动盘，使汽车快速地制动。

小活塞

制动摩擦片

大活塞

制动盘

制动液管

摩擦片

制动活塞

制动钳外壳

制动钳构造图

盘式制动系统液压原理图

发动机真空为什么也能帮助制动?

知识点：大气压 真空 压力差

即使有液压助力帮助驾驶人进行制动，但对于弱小的女性来说，如果没有足够的力量踩制动踏板，那么遇到紧急情况时就非常危险。因此，汽车上都安装有一个真空制动助力器，可以利用真空的力量来提高制动助力。

我们周围的大气存在大气压强，即大气压，并随着高度的升高而逐渐减小。

真空中没有大气，其压强为零。

如果某物体的一侧是大气，另一侧是真空，那么这个物体就会受到1个大气压的压强差，即受到真空推力。真空制动助力器就是利用这个原理设计的。它的真空由发动机通过一定方式产生。

在真空制动助力器内，一个膜片将真空助力器的内腔一分为二，其中一侧引入发动机进气歧管内的负压，接近于真空。当驾驶人踩制动踏板时，真空助力器内腔的另一侧就会流进大气。此时膜片的两侧分别是大气和真空，这样就会产生压力差，膜片就会在压力差的作用下被推动，从而产生制动助力。

发动机停止运转时，无法提供真空，此时真空制动助力器就会失效，如果在这个时候踩制动踏板，就会感觉比平常更困难些，甚至无法踩动制动踏板。

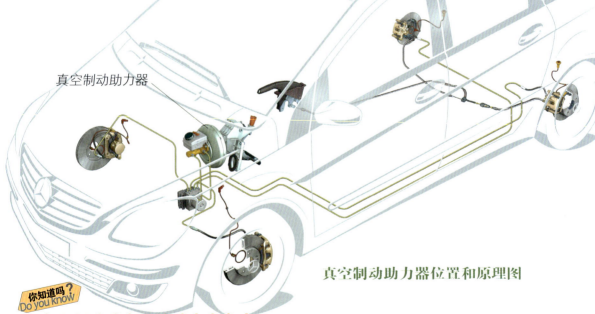

真空制动助力器

真空制动助力器位置和原理图

你知道吗? Do you know

真空制动助力器的助力有多大?

真空制动助力器中的气室膜片受到的推力相当于1个大气压。这个大气压大小因汽车所处的海拔及温度的不同而不同。我们就以1个标准大气压为1千克力/厘米^2（约为10万帕）来计算。如果膜片的面积为20厘米^2，那么膜片受到的推力就是20千克力（约为200牛）。因此，为了增大制动助力，就把真空制动助力器的体积做得比较大。

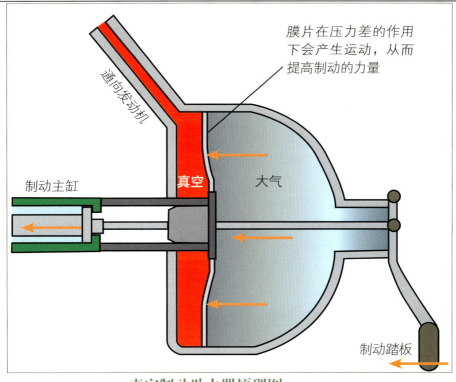

膜片在压力差的作用下会产生运动，从而提高制动的力量

通向发动机

制动主缸

真空

大气

制动踏板

真空制动助力器原理图

真空制动助力器

制动液罐

制动主缸

制动踏板

制动液管

制动钳

制动摩擦片

制动盘

制动系统构造示意图

第三章 Chapter Three
空气动力学
Aerodynamics

空气为什么能阻止汽车前进？

知识点：空气阻力 压力阻力 摩擦阻力

　　在汽车行驶时空气对汽车产生的阻力，简称为空阻或风阻。风阻虽然看不见，但可以摸得着。汽车行驶时把手伸出窗外，就会很容易感觉到风阻，一股力量往后推动你的手，这个力量就是风阻。汽车风阻由压力阻力和摩擦阻力两部分组成。

　　流动的空气分子作用在汽车外形表面上的压力，称为空气压力阻力。

　　因空气分子的黏性而在车身表面产生的摩擦力，称为空气摩擦阻力。

　　一般汽车在前进时所受到的风阻大致是来自前方，除非侧面风速特别大，不然不会对车辆产生太大影响，就算有，也可通过方向盘来修正。

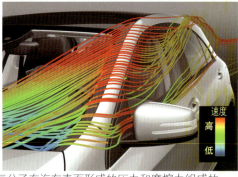

汽车风阻是由空气分子在汽车表面形成的压力和摩擦力组成的　　车轮舱形成很大的空气阻力

汽车只有克服空气阻力才能前进，并且空气阻力大小与车速的平方成正比

为什么要尽量减小空气阻力？

知识点：空气阻力与车速之间的关系

　　一款新车型能否顺利从设计阶段发展到生产阶段，它的燃油消耗标准非常重要。而空气阻力对燃油消耗有相当大的影响。

　　空气阻力越大，汽车就需要燃烧更多的燃油，以便输出更大的动力用来克服空气阻力。

　　若外形设计不良，车身风阻系数较大，燃油消耗就较高，就会失去市场竞争力。根据测试，当一辆轿车以80千米/时的速度前进时，有60％的燃油消耗是用来克服风阻的。

　　当汽车在马路上飞奔时，它实际上是要在空气中钻过一个洞。空气虽然看不见，但它确实存在。车体越高的汽车，在空气中钻过的洞就越大，同时要付出更艰辛的努力并消耗更多的燃油，而且行驶起来稳定性较差；而追求速度的跑车等，一般都会把车身设计得很低，这样在行驶时只需在空气中钻过一个较小的洞，就可让汽车以更高的速度稳定行驶。

载货汽车驾驶室顶上的导流罩，也是为了减小空气阻力

车体越高的汽车，在空气中钻过的洞就越大

车体越小的汽车，在空气中钻过的洞就越小，受到的空气阻力就越小

怎样计算汽车的风阻系数？

知识点：风阻系数及计算

一辆汽车在正常行驶时，它所受到的力大致来自几个方面：车轮运转时来自地面的反作用力（即推力）、运转机构内的机械摩擦阻力、空气阻力、地面摩擦阻力。一般把摩擦阻力和空气阻力可合称行驶阻力。

行驶阻力中空气阻力为最主要成分。空气阻力与风阻系数、车速的平方、汽车的正面投影面积、空气密度成正比，即：

空气阻力＝风阻系数×车速²×正面投影面积×空气密度×2

空气阻力是在风洞中测出来的。在风洞中，让被测试汽车或模型固定在传送带上，借由风速来模拟汽车行驶时的车速，将精密压力测试仪置于车顶上方并对车辆施加一定的压力，然后测知需要多大的压力刚好使汽车不至于被风吹后退。这个压力再减去车轮与地面的摩擦阻力，剩下的就是汽车所受到的空气阻力了。

精密压力测试仪

测量汽车所受的空气阻力，目的是了解汽车的空气动力学性能，并计算出汽车的风阻系数Cd来。只要测得汽车所受到的空气阻力大小，就可以根据下面公式推算出风阻系数来。

$$风阻系数 = \frac{空气阻力}{2 \times 空气密度 \times 正面投影面积 \times 车速^2}$$

一般来讲，我们在马路上看到的大多数轿车的风阻系数在0.30左右，流线形较好的汽车，如跑车等的风阻系数可达到0.26以下，一些特制赛车可以达到0.15左右。

A级风阻系数0.26

CLA风阻系数0.22

汽车为什么要在风洞里做实验?

知识点:空气动力学 风洞实验

风洞实验室并不真的是个"洞",而是一条大型管道。风洞里面有一个巨型风扇,能产生一股强劲气流。气流经过一些风格栅,减少涡流产生后才进入实验室。

风洞的最大作用是用来测量汽车所受的空气阻力,了解汽车的空气动力学性能。一般用风阻系数Cd表示汽车的空气动力学性能。风阻系数越小,说明它受空气阻力的影响越小,它的空气动力学性能越好。

除了用来测量风阻外,风洞实验室还可以用来研究气流绕过车身时所产生的效应,如升力、下压力,并可以模拟不同的气候环境,如炎热、寒冷、下雨或下雪等情况。这样,工程师们便可以知道汽车在不同环境下的工作情况,特别是散热器散热、制动器散热等问题。

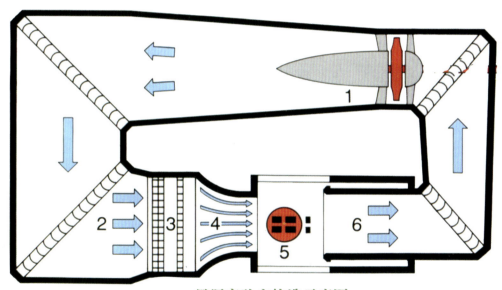

风洞实验室构造示意图

1 风机
2 风洞在此由圆变方
3 导风格栅,让空气分布更均匀
4 气流在此收紧,以增强风速
5 放置被测试物的位置
6 气流又循环流向风机入口

B级风阻系数0.24
GLA级风阻系数0.29
SL级风阻系数0.27
C级风阻系数0.24
S级风阻系数0.23

奔驰汽车风阻系数示意图

空气是怎样影响汽车前进的?

知识点:空气阻力分析

汽车的外观造型对空气阻力的影响最大。另外,汽车的底部、车轮和车轮室等也会影响汽车所受的空气阻力。曾有宝马集团的空气动力学技术专家认为:

汽车的外观形状和车身比例,对空气阻力的影响占40%。

车轮和车轮室对空气阻力的影响达到惊人的30%。

车身底部带来的空气阻力占20%。

空气进入车内造成的空气阻力占10%。

汽车的外观形状和车身比例,对空气阻力的影响占40%

空气进入车内造成的空气阻力占10%

车身底部带来的空气阻力占20%

车轮室对空气阻力的影响要达到惊人的30%

从上面可看出,要想让汽车拥有一个较小的风阻系数,主要应在4个方面做文章:

1)将汽车设计得更流线形、更平滑,车身附件更小巧和隐蔽,让空气更容易、更顺畅地通过车身,在尾部不能产生较大的紊乱气流。

2)车轮不能太宽,车轮室不能太深。

3)车身底部应布局合理,排气管等部件应尽量平整,利于空气从车底通过。

4)车前部的进气孔设计要合理,让进入到车内的空气不能太多也不能太少,因为冷却发动机和制动盘时都要用空气,而且也要通气顺畅。

汽车为什么会受到升力？

知识点：升力 伯努利定律

　　汽车车身与飞机机翼有一个共同点：在它们上部表面掠过的空气，其流程比在它们底部掠过的空气流程长。空气流程越长，其速度也越快。

　　伯努利定律：在一个流体系统，比如气流、水流中，流速越快，流体产生的压力就越小。

　　由于空气在车身上部的流速比车身底部快，因此车身上部所受的空气压力要比底部小，这样就会在车身上下产生压力差。这个压力差就相当于施加给汽车的一个升力。

　　飞机就是靠这种升力而能够起飞上天的，但对于像机翼一样的汽车车身来讲，它在行驶中所产生的升力并不一定是好事，因为它可能会影响汽车的抓地力。

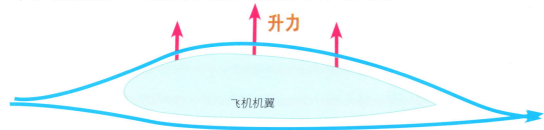

升力

飞机机翼

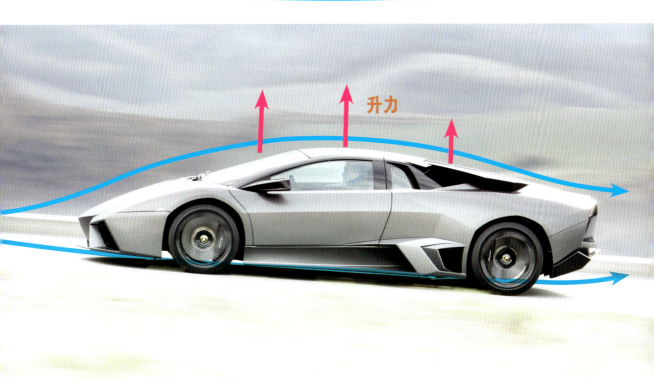

升力

 陈总编爱车热线书系

赛车为什么要装扰流板？

知识点：扰流板　升力　下压力

为了减小轿车在高速行驶时所产生的升力，汽车设计师除了在轿车外形方面做改进外，还在轿车行李箱盖上端做成像鸭尾似的突出物，将从车顶冲下来的气流阻滞一下形成向下的作用力，这种突出物称为扰流板。

扰流板是人们受到飞机机翼的启发而产生的。在汽车尾端上安装的这个平行板的横截面与机翼的横截面相同，只是反过来安装，平滑面在上，抛物面在下，这样车子在行驶中会产生与升力同样性质的作用力，只是方向相反。此力称为下压力。

利用下压力来抵消车身上的升力，从而增强后轮的抓地力，保障行车安全。

汽车上的扰流板有多种式样。赛车上的扰流板较高，这是为了充分发挥扰流作用，使没有乱流的气流直接作用在扰流板上，而且使它产生的下压力不致作用于车身而抵消其效应。因此必须将扰流板离开车身表面安装。

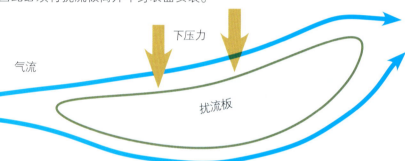

下压力

气流

扰流板

扰流板的形状和飞机机翼一样，但却是上下反过来放置的，目的则与飞机机翼产生升力的作用相反，是为了产生下压力，以增强后轮的下压力，保证汽车高速行驶时的稳定性

下压力

两厢车的顶盖后缘常安装一个像鸭尾那样的扰流板，使顶盖上一部分气流被引导流过后风窗表面。这样既可使后风窗后部的升力降低，也可引导气流将后风窗表面浮尘消除，避免尘污附着而影响汽车后视野。

在许多普通轿车上，也装有扰流板。其实由于这些车的速度都不是很高，因此扰流板难以发挥实际作用，而美化车身外观则成为安装扰流板的最大目的。

两厢车为什么都有后刮水器？

知识点：紊流

气流在通过车身时并不是一帆风顺的，不仅要遇到阻力，而且在车尾还容易形成紊流，也就是乱流，甚至它会伴随车辆前进，从而影响其他气流流过车身，无形中也会增加一些风阻。尤其是两厢车型，尾部紊流更严重。

两厢车的车顶气流到后风窗顶端时突然下降，在后风窗处形成负压，从而形成较大的涡流，以致后风窗玻璃更容易蒙上尘土。

因此，两厢车一般都会装备后刮水器，以便及时清除后风窗上的尘土。

三厢车只会在行李箱后面形成紊流，而在后风窗上的气流会顺利通过。

两厢车尾部容易产生明显的紊流，不仅会影响气流通过车身，而且还容易导致后风窗蒙上尘埃

低速　0.0　　0.2　　0.5　　0.7　　1.0　　高速 1.2

F1 赛车为什么有很多空气动力学部件？

知识点：定风尾翼　导流板　扩散器

　　当F1赛车达到其最高速度360千米/时，就相当于一场龙卷风从它上面刮过，因此它在行驶中稍有不稳定的因素就可能车毁人亡。F1赛车设计与空气动力学的关系非常大，其设计师几乎多半时间都是在风洞中度过的，以寻求空气动力学方面的最佳设计方案。其实，F1赛车上的所有部件几乎都是空气动力学部件。当F1赛车以300千米/时的速度行驶时，大约将产生1000千克力（约为10千牛）的下压力，而F1赛车车身、车手及装备的总重量仅有600多千克。

　　从理论上讲，可以将F1赛车倒过来贴着天花板行驶。

前导流板

　　F1赛车在前部装有导流板，它的作用是引导气流按照设计师的要求流通，比如引导气流流向制动盘、车身上部、车身两侧等。前导流板可以产生大约25%的下压力。

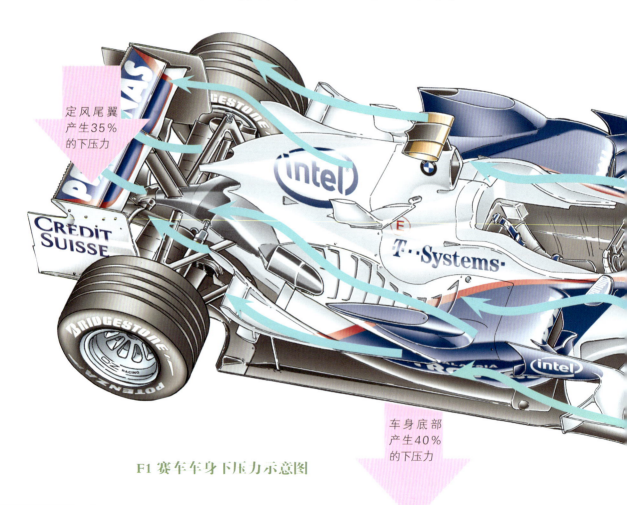

定风尾翼产生35%的下压力

车身底部产生40%的下压力

F1 赛车车身下压力示意图

定风尾翼

在F1尾部装有扰流板，它们的作用都是为了产生下压力，让赛车拥有更强的操控性和行驶稳定性。F1尾部的扰流板也称"定风尾翼"，一般倾斜15°，当前进时可以产生巨大的下压力。但由于有一个倾斜角度，因此同时也会产生一定的风阻，使F1的风阻系数加大。一般F1赛车的风阻系数达到1.0左右，而一般轿车仅为0.3左右。这就要求设计时必须"恰到好处"，使增加的风阻与改善的性能相比非常小。定风尾翼可以产生大约35%的下压力。

后扩散器

让F1产生下压力的另一个主要部件就是车体本身。根据伯努利定律：在一个流体系统，比如气流、水流中，流速越快，流体产生的压力就越小。F1赛车的底部都铺设一个顺滑的平板，然后在车尾下方还设计有扩散器（利用多个沟槽向外分流），引导车底部的气流能加速流过车底。<u>车底部的空气流速增加后，车底部的空气压力便会减小，从而增加车身受到的下压力，这就相当于将赛车"吸"在地面上。</u>车身底部产生大约40%的下压力。

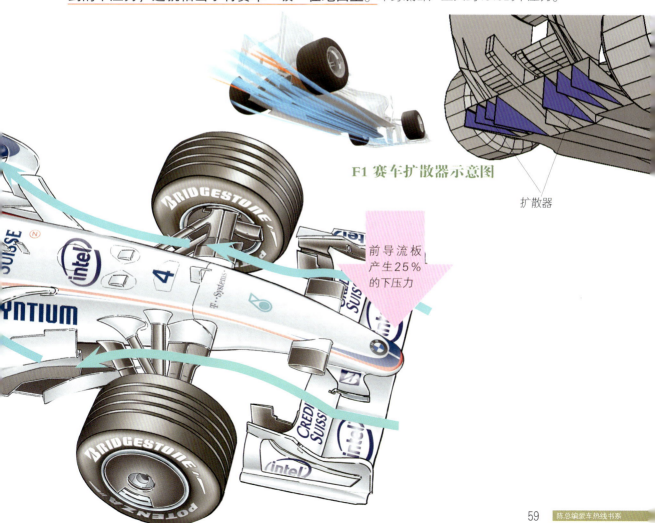

F1 赛车扩散器示意图

扩散器

前导流板产生25%的下压力

第四章 Chapter Four
燃烧与动力
Burn&Power

汽车的能量为什么也是来自太阳？

知识点：太阳能 光合作用 石油形成 能量守恒定律

世间万物所获得的能量，其实都来自于太阳，包括我们人体和汽车。

太阳普照大地，利用光能促进万物生长，并将光能以分子的形式储存在植物中。这些植物直接成为我们人类的食物，或作为我们所食动物的食物间接为我们人体提供能量，提供我们身体需要的热量，使我们能走路和跑步。

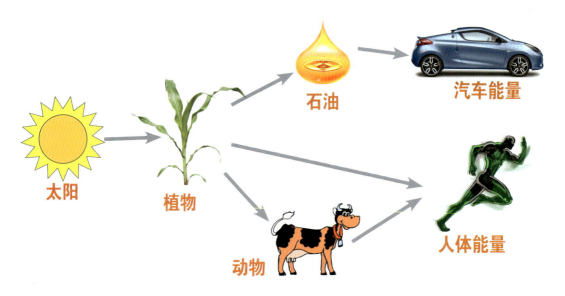

汽车和人类所需能量来源示意图

而数百万年前地球上的植物要比现在多得多，但在地壳变动后它们都被埋在了地下，经过数百万年的储藏，如今已变成了几十美元一桶的石油，并不断地由现代人开采出来炼成汽油或柴油，作为驱动汽车前进的能源。这个能量转变过程也符合能量守恒定律：

能量既不会凭空产生，也不会凭空消灭，它只能从一种形式转化为其他形式，或者从一个物体转移到另一个物体，在转化或转移的过程中，能量的总量不变。

当分子由一种形式转变为另一种形式时会吸收或释放能量。我们人体和汽车的能量来源其实是一样的，几乎经历同样的化学反应过程。

人体获取能量的过程

1. 吃食物——不论是我们吃的植物还是动物，它们都是含有大量碳元素的碳水化合物。

2. 食物到胃中后与吸入的氧气进行化学反应，使食物中的分子结构被打破，并对碳元素进行重新排列，然后生成含有碳元素的新分子物质。在重新排列碳元素的过程中就会释放出能量。

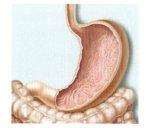

3. 释放的能量再转变成人体所需要的热能和动能，使人体有温度并可以运动。

4. 化学反应后产生的二氧化碳等通过肺部再排放出去。

汽车获取能量的过程

A. 汽车使用的汽油或柴油，它们的主要成分是大量碳元素组成的碳氢化合物。

B. 进入到气缸后与氧气进行化学反应，使燃油中的分子结构被打破，并对碳元素进行重新排列，然后生成含有碳元素的新分子的物质。在重新排列碳元素的过程中就会释放出能量。

C. 释放的能量再转化成热能和动能，驱动发动机运转和汽车前进。

D. 化学反应后产生的二氧化碳等通过排气管排出去。

汽油和柴油是怎样炼成的？

知识点：原油化学成分 燃油提炼

目前汽车的主要燃料是汽油和柴油。它们都是由地下采出的原油炼制而成的。

燃油的炼制原理其实非常简单，就是加热、蒸馏。先把原油加热到沸腾，把蒸发的蒸气送入蒸馏塔。根据蒸气中各种成分比重的不同，可以分成多个种类。

石油中含有数百种不同的化学物质，但这些化学物质都有一个共同点——都是由碳原子和氢原子结成的分子链组成，我们把这些分子称为碳氢化合物。

但这数百种物质的区别是它们的碳氢分子链的长度不同，或者说它们各自的分子中所含的碳原子数目不同，比如汽油分子含5～12个碳原子，柴油分子含12～20个碳原子。也正是由于所含碳原子数目不同，才导致它们的比重不同，从而在进行蒸发时能从轻到重分离出来。比重最轻的从最上面出来，比重最大的则留在最下面。

汽油比较轻，它会跑到上面，经冷却后便会从上面流出来；其次是柴油和煤油，它们跑到中间就不会再上升了，冷却后便会从中间的管子里流出来；比重最大的是重油，它到了蒸馏塔的底部就不再上升，冷却后就成了重油；最后剩下的就是石油残渣或不能用作燃料的柏油等。

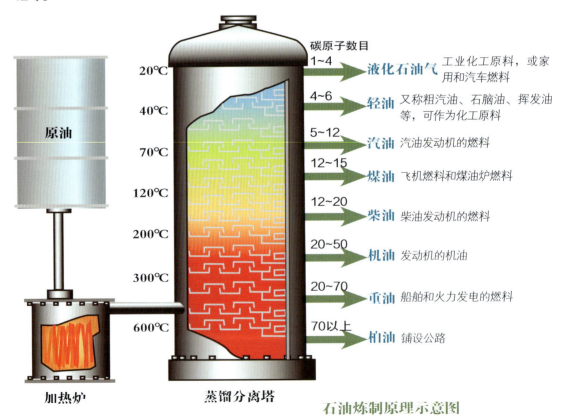

温度	碳原子数目	产品	用途
20℃	1~4	液化石油气	工业化工原料，或家用和汽车燃料
40℃	4~6	轻油	又称粗汽油、石脑油、挥发油等，可作为化工原料
70℃	5~12	汽油	汽油发动机的燃料
120℃	12~15	煤油	飞机燃料和煤油炉燃料
200℃	12~20	柴油	柴油发动机的燃料
	20~50	机油	发动机的机油
300℃	20~70	重油	船舶和火力发电的燃料
600℃	70以上	柏油	铺设公路

原油

加热炉　　蒸馏分离塔

石油炼制原理示意图

石油为什么仍是汽车能量的主要来源？

知识点：石油储量 汽油内能

石油很珍贵，被称为黑色的金子、工业的血液。然而，这些隐藏在地下的资源正在一天天变少，而且是不可再生性地逐渐枯竭。现在全世界平均每天消耗9000万桶石油，而且这个数字每天都在增长，以满足越来越多的汽车、工业原料、燃油发电厂等的需要。现在地球上已探明可供开采的石油还有约1.2万亿桶，加上还可能被发现的石油资源在内，据估计，地球上的石油资源只能维持使用到2100年，到时石油资源将可能枯竭。

我们或许能从其他碳氢矿物中提取能量，如含油砂、油页岩或煤矿。我们也可以另辟蹊径，寻找和利用其他可替代石油的能源，如太阳能、原子能、风能等。

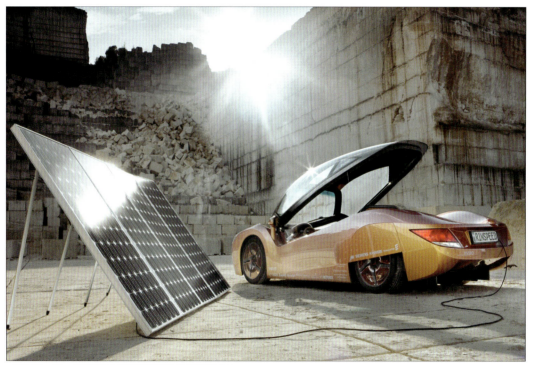

或许有一天，我们再也不用到加油站买汽油了

然而，目前看来，石油仍是最合适的车辆能量来源，因为它蕴含着巨大的能量，或者说它的能量密度非常大。

同等重量情况下，汽油所含的能量大约是糖的3倍、木头的5倍、电池的200倍。

所以要想用电池取代汽油，还需要电池技术研发人员加倍努力。总之，面对日渐枯竭的石油资源，我们的前景越来越不妙了。

发动机为什么又称内燃机？

知识点：内燃机 外燃机

　　汽车使用的发动机也称为内燃机，难道还有外燃机？是的，真有外燃机，比如原来火车上用的蒸汽机、火力发电厂和轮船上使用的汽轮机等，都是外燃机。它们是利用燃料在气缸的外部燃烧来产生动力的发动机。如早期的蒸汽机，它利用燃料（木材、煤、煤气、柴油等）烧开锅炉中的水，使之产生高压蒸汽并进入气缸内，利用蒸汽压力推动活塞做功，从而产生动力。由于燃料在气缸外燃烧，因此称为外燃机。

　　内燃机是相对早期的外燃机而言的，它的燃料是在气缸内燃烧，如现在的汽油机和柴油机，都是内燃机。

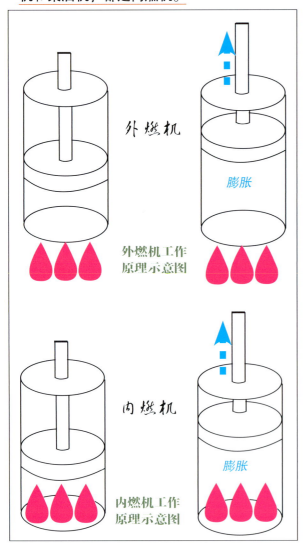

外燃机

膨胀

外燃机工作原理示意图

内燃机

膨胀

内燃机工作原理示意图

你知道吗？
Do you know

气缸发明灵感来自大炮？

　　内燃机的最初设想由荷兰科学家霍因斯于1680年提出的。他是受大炮发射炮弹的原理启发，因此，他一开始也用火药作为燃料，将炮弹改成"活塞"，炮筒改成"气缸"，并开一个单向阀，当点燃火药后，火药猛烈爆炸燃烧，推动活塞运动，以产生动力。当然，他最后没有成功。但后人在霍因斯大炮式发动机的基础上不断改进，才产生了驱动汽车高速前进的现代内燃机。

燃油为什么在气缸内会燃烧爆炸？

知识点：燃烧三条件 爆炸的条件

燃烧是物体快速氧化而产生光和热的过程，而燃烧必须是三个条件并存才能发生。这三个条件分别是可燃物——燃料（fuel），助燃物——氧气（oxygen）及温度要达到燃点——热量（heat），它们被称为燃烧三要素。

在发动机中，燃油进入气缸后与氧气进行化学反应，使燃油中的分子结构被打破，并对碳元素进行重新排列，然后生成含有碳元素的新分子的物质。在重新排列碳元素的过程中就会释放出光能和热能。

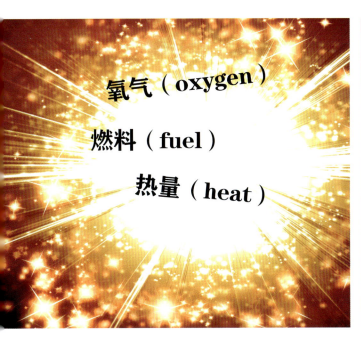

气缸是汽车产生动力的源点，这个源点的中心是燃烧室。与其说是燃烧室，不如说是爆炸室，因为汽油或柴油在燃烧室中并不只是燃烧，而是爆炸。

在燃烧室中，当汽油和氧气混合在一起并被严重压缩到一个封闭狭小的空间时，此时火花塞上的高压电火花突然点燃混合气，高速的化学反应并伴随着巨大能量的释放，也就形成了爆炸，而且在每秒内产生数百次的微爆炸。

其实我们听到的汽车发动机声音，基本就是气缸内发生的爆炸声。当这种爆炸一旦停止，也就意味着汽车发动机熄火了。正是这种强烈的爆炸产生的力量推动活塞上下运动，然后再通过一系列的动力传递，最终推动车轮旋转。

排气管为什么有时会滴水？

知识点：汽油燃烧的化学反应

有时会看到汽车排气管滴水，甚至还很多。这是与汽油在燃烧时发生的化学反应有关。

汽油中最主要的成分是碳氢化合物，这种物质分子中只含有碳和氢两种原子。在汽油燃烧时，碳氢化合物与吸入空气中的氧产生化学反应，其中1个碳原子和2个氧原子化合生成1个二氧化碳分子；2个氢原子和1个氧原子化合生成1个水分子。

如果吸入的空气量不足，那么和碳原子结合的氧原子就会显得少，这样就不会完全生成二氧化碳，便会生成一部分一氧化碳。

在汽油燃烧的过程中，由于温度极高，还会造成空气中的氮原子被氧化生成一氧化氮和二氧化氮等。汽车排气再经三元催化转换器进行催化反应后，最后排出的主要成分就是水和二氧化碳。

汽油的主要成分可以用C_8H_{18}表示，它燃烧时的化学反应方程式是：

$$2C_8H_{18}+25O_2 \xrightarrow{\text{点燃}} 16CO_2+18H_2O$$

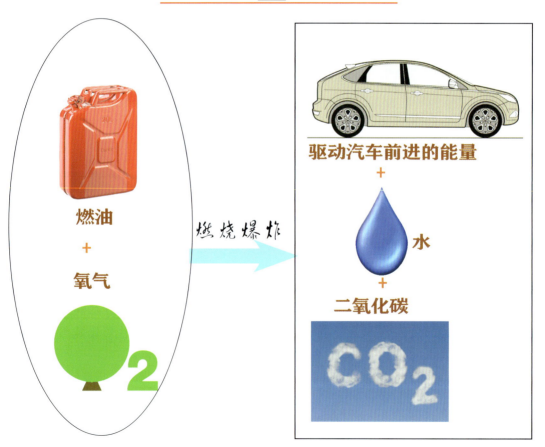

燃油和氧气一起燃烧爆炸，释放能量来驱动汽车前进，同时还排放出水和二氧化碳等物质

发动机的转速为什么可快可慢？

知识点：工作循环　发动机转速

　　活塞在气缸中要完成吸气、压缩、燃烧和排气四个行程才算是完成一个工作循环，在此期间，活塞要在气缸内上下两次，曲轴则同时要旋转两周。

　　如果转速表的指针指向6，则表明此时的发动机转速为每分钟6000转，合计每秒钟100转，那么一个活塞每秒钟就要完成50个工作循环（一个工作循环内曲轴要转2周），也就是说在一个气缸内要爆炸50次。如果是一台4缸发动机，那么在1秒内4个气缸则要产生200次爆炸。

　　同理，如果转速表指针指向3，则表明此时发动机转速为每分钟3000转，合计每秒钟50转，那么一个活塞每秒钟就要完成25个工作循环，也就是说在一个气缸内要爆炸25次。如果是一台4缸发动机，那么在1秒内4个气缸则要产生100次爆炸。

转速表表面上反映的是发动机转速，但实际上它是发动机气缸内爆炸次数的体现。转速越高，说明发动机内发生的爆炸次数越多，动力输出就越大

陈总编发车热线书系

发动机为什么能连续运转？

知识点：工作循环 四冲程

活塞在气缸中上下移动，活塞下行到的最低点叫下止点，上行到上顶点的位置称为上止点。上止点与下止点之间的距离称为行程。当活塞在上止点时，活塞顶端的空间称为燃烧室。

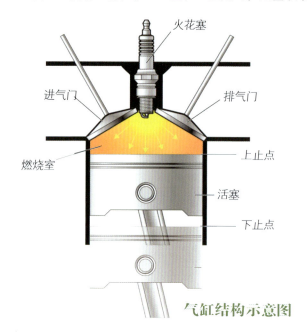

气缸结构示意图

进气行程

活塞在气缸内自上止点向下行至下止点时，进气门打开，排气门关闭，气缸内可以产生部分的真空，将新鲜的空气和汽油的混合气吸进气缸内。

压缩行程

进气门和排气门都关闭，活塞由下止点上行移动至上止点，将气缸中的混合气压缩，进入气缸中的混合气量越多及活塞越接近上止点位置，压缩压力越大。在压缩行程内，气缸中混合气的最大压力称为压缩压力，将混合气压缩是为了使混合气混合得更均匀，且提高温度易于燃烧，得到较大的动力。

做功行程

进气门和排气门都关闭，火花塞所跳出的高压电火花适时将混合气点燃，使其燃烧并爆发出强大压力，将活塞从上止点推至下止点。

火花塞的高压火来自高压线圈，它能将火花放大，然后再通过电控单元将高压火按顺序分配到各个气缸中，从而点燃被压缩的混合气。

排气行程

活塞自下止点上行至上止点，此时进气门关闭，排气门打开，气缸中已经燃烧过的废气由活塞向上移动时，经排气门和排气歧管排至大气之中，因为燃烧过的废气通过消声器的消声作用，才不至于产生太大的噪声。

这四个行程连续不断，重复不停，周而复始，一直循环下去，发动机产生的动力便源源不绝。

上面所述的活塞在气缸中移动的四个行程，也就是曲轴转720°（两圈)才完成一次动力输出，因此称为四冲程发动机。

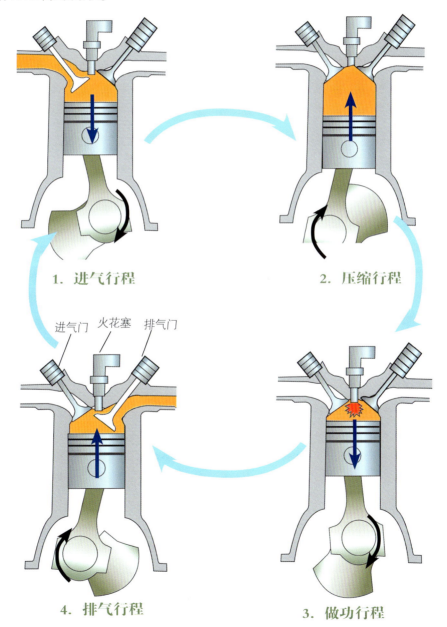

1. 进气行程

2. 压缩行程

进气门　火花塞　排气门

4. 排气行程

3. 做功行程

柴油为什么不用点火就能燃烧？

知识点：气压与温度关系 柴油发动机特点

在密闭容器内，气压与温度成正比，气压越高，温度就越高。

柴油发动机就是利用上面这个原理，活塞压缩进入气缸（相当于密闭容器）内的空气，使气缸内的空气压力迅速升高，空气温度随之上升。当气缸内的空气温度上升到柴油的燃点温度时，用喷油器将柴油喷成雾状射入气缸中，与灼热的空气相遇，随即发生燃烧。燃烧所产生的高温高压燃气在密闭的气缸内膨胀，从而推动活塞做功。

柴油机是依靠活塞的压缩而使柴油自燃的，不用火花塞点火。因此，柴油发动机没有点火线圈、火花塞等点火系统部件。

柴油发动机与汽油发动机相比，压缩比更高（为了压燃柴油），最大转矩更高，但最大转速并不高。因此，柴油发动机更适合对车速要求不高但对转矩要求更高的车型，如载货汽车、牵引车、工程车辆等。其实，可以把柴油发动机比作牛，汽油发动机比作马，牛有劲儿但跑得慢，马跑得快但没牛有劲儿。

请注意，本文开头提到的那个原理只适用于在密闭容器内，否则气压与温度可能成反比，如大气压。

柴油发动机工作行程

1. 进气行程

进气门打开，排气门关闭，从进气门吸入空气到气缸中，然后进气门关闭。

2. 压缩行程

活塞上升并压缩吸入的空气，使空气因压缩而变得非常热。燃油喷射器将燃油喷入气缸并混入热空气中。

3. 做功行程

柴油与空气的混合气越来越热，以致于温度升高到可以自燃。混合气燃烧爆炸的力量将活塞向下推动，并通过连杆推动曲轴旋转。

4. 排气行程

排气门打开。旋转的曲轴推动活塞向上运动，活塞将燃烧后的废气从排气门推出气缸。

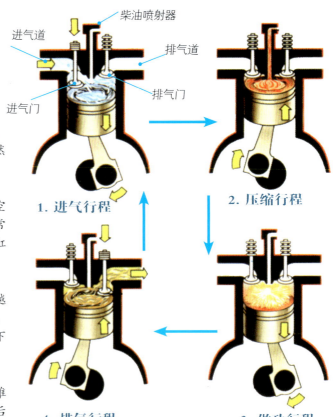

柴油发动机工作行程示意图

发动机为什么要大口吸入空气？

知识点：空燃比 混合气

汽油在发动机内部发生的爆炸实际上就是一种化学反应，因此，参与化学反应的物质之间就有理想的混合比。这个理想的混合比是根据参与化学反应的分子的原子量计算出的。

根据计算，空气与汽油的混合比（也称空燃比）的理想值大概是14.7:1，也就是燃烧1千克的汽油需要吸入14.7千克的空气。

如果按体积比，则大概是9000:1左右，就是说要燃烧1升的汽油，必须吸入9000升的空气。这样算来，汽车每分钟要吸入大概3000～5000升的空气，而我们人体每分钟只需吸入6升空气就够用了。

因此，要想增强发动机的动力输出，让更多的汽油充分燃烧，就要加大进气量，使之能有充足的空气来帮助燃油燃烧。为了提高进气量，人们想出了各种方法，比如增大发动机的排气量、采用气门可变技术、配备增压器等，其中增压技术现在已成为提高进气量的最有效方式之一。

每分钟吸入空气量比较

摩托车：75升/分钟

静止不动的人：6升/分钟

骑自行车的人：25升/分钟

普通家用轿车：3000 ～ 5000升/分钟

你知道吗？
Do you know

空气滤清器为什么称为发动机之肺？

空气虽然是无色无味的，但并不代表它非常纯洁。如果用显微镜观察空气，就会发现其中含有大量的浮尘和杂质，甚至还有无数的细菌。

发动机在工作过程中要吸进大量的空气，如果不对空气进行过滤就直接吸入气缸中，那么空气中的浮尘和杂质就会加速活塞组及气缸的磨损。如果较大的浮尘颗粒进入活塞与气缸之间，还会造成"拉缸"现象，使发动机损坏。

尤其是在非铺装路面上，或在干燥、多沙的行驶环境中，空气中的浮尘更多。因此，装在进气道中的空气滤清器，又被称为"发动机之肺"，它可以对空气进行有效过滤，保证发动机呼吸到洁净的空气。

空气滤清器实际上就是个滤网，当进气通过滤网时可以阻止杂质和浮尘通过，从而起到过滤的作用。空气滤清器中的滤网又称滤芯，要定期更换，否则长期使用后不仅起不到过滤的作用，而且还会影响发动机进气。

AIR FLOW

排气管为什么还会喷火和冒黑烟？

知识点：空燃比 混合气

在驾驶超级跑车和赛车时，如果大力踩加速踏板，发动机的节气门就会大开（加速踏板其实就是节气门开关踏板），大量空气进入，燃油喷射器同时会喷出大量汽油，这时燃烧就剧烈，输出的动力也很大。当松开加速踏板时，节气门关闭，进入气缸内的空气就会突然减少，然而燃油喷射器的反应多少都会有所延迟，仍在继续大量向气缸内喷射燃油。这样，在空气少、燃油多的情况下，空燃比严重失调，就会导致一些汽油因缺少空气而不能完全燃

烧，只能从排气管中排出。

当没有燃烧的汽油被排到排气管口时，会遇到排气管口端的空气，如果此时排气管的温度极高（尤其是超级跑车和赛车），足以点燃汽油，就会导致汽油二次燃烧。由于排气口是个半封闭的位置，汽油在此燃烧时还会发出爆炸响声。如果是在夜间或光线不太亮的地方，还会看到排气管处喷出的燃烧火焰。

汽车排气管冒黑烟的现象，也是燃油喷射过量或者说空气量吸入不足而造成的。由于发动机出现了故障，不能良好运转，使空气与汽油的混合比（也称空燃比）低于理想值14.7:1，从而导致过量汽油无法参与燃烧，只能从排气管排出。如果此时排气管的温度不是特别高，就不足以使这些被排出的过量汽油参与二次燃烧，只能以颗粒的形式排出，看起来就是黑烟。

三元催化转换器怎样降低污染？

知识点：氧化反应 还原反应

在发动机排放的废气中，一氧化碳（CO）和碳氢化合物（HC）是有毒气体，过多吸入会导致人死亡，而氮氧化物（NO_x）会直接导致光化学烟雾的发生。因此，现在汽车上都装备有三元催化转换器，它就安装在排气歧管与消声器之间，可将发动机排气中的三种有害气体转换成无害气体二氧化碳、氮气、氧气和水。

三元催化转换器可以将发动机排气中的一氧化碳，在高温下氧化成为二氧化碳：

$$2CO+O_2 \rightarrow 2CO_2$$

三元催化转换器可将发动机排气中的碳氢化合物，在高温下氧化成水和二氧化碳：

$$H_4C_2+3O_2 \rightarrow 2H_2O+2CO_2$$

三元催化转换器可将发动机排气中的氮氧化物，还原成氮气、二氧化碳和氧气：

$$NO_x+CO \rightarrow CO_2+N_2$$

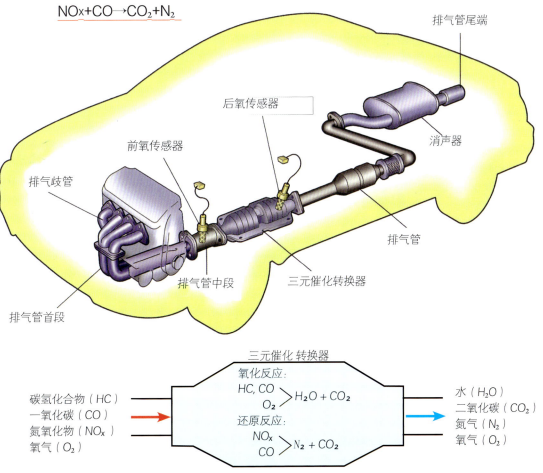

排气管尾端

后氧传感器

前氧传感器

排气歧管

消声器

排气管

排气管中段

三元催化转换器

排气管首段

三元催化 转换器

氧化反应：
HC, CO
O_2 $\rangle H_2O + CO_2$

还原反应：
NO_x
CO $\rangle N_2 + CO_2$

碳氢化合物（HC）
一氧化碳（CO）
氮氧化物（NO_x）
氧气（O_2）

水（H_2O）
二氧化碳（CO_2）
氮气（N_2）
氧气（O_2）

三元催化转换器原理示意图

发动机的热效率为什么很低？

知识点：热效率

　　汽车的原理是将燃油中的化学能转化为推动汽车前进的动能。但说来你可能不信，汽车所加燃油的70%最后都没有转换成推动汽车前进的有效动力，它们在到达车轮之前就被消耗掉了。

　　某种燃料完全燃烧放出的热量与其质量之比，叫作这种燃料的热值。

　　热值在数值上等于1千克燃料完全燃烧放出的热量。如汽油的热值是46000千焦/千克。对于发动机而言，燃料释放的能量只有一小部分用来做有用功，还有相当大一部分能量被损耗了。

　　用来做有用功的那部分能量，与燃料完全燃烧放出的能量之比，称为发动机的热效率。

　　热效率也可以理解为发动机输出的机械功与燃料燃烧产生的化学能的比值，或者说热效率代表有多少化学能转化成了有效机械能。蒸汽机的热效率只有10%左右，汽油发动机的热效率是28%～33%，柴油发动机的热效率为40%～45%。

　　发动机的热效率之所以这么低，是因为很大比例的热量会被发动机的冷却系统带走，叫作冷却损失；另外有很大比例的热量被排到大气中去，叫作排气损失；同时还有许多机械能被空调、发电机、水泵、机油泵、助力泵及轴承摩擦等消耗掉；更有一部分燃料没有完全燃烧就直接从排气中排出。

　　热效率越高的发动机，表明它越省油，其技术水平也更高。现在针对发动机而推出的一切新技术，几乎都是用来提高发动机热效率的，例如，增压技术、可变气门技术、燃料直喷技术等。

怎样计算发动机排气量和压缩比？

知识点：压缩比 排气量

气缸排气量是指活塞从下止点到上止点所扫过的气体容积（下图中V_1与V_2之差）。发动机总排气量是各气缸排气量总和。

排气量取决于缸径和行程的大小。发动机的排气量一般用cc(立方厘米）、mL(毫升）或L（升)来表示。由于气缸体是圆柱体，它的容积不太可能正好是整升数，因此才会出现1998毫升、2397毫升等数字，它们可近似标示为2.0升、2.4升。

发动机的排量越大，它每次吸入的可燃混合气就越多，燃烧时产生的动力就越强。这相当于人的胃口越大，吃的就越多，他也可能就越有劲。

发动机的压缩比，是指活塞运行到下止点时气缸内的容积（V_1）与活塞运动到上止点时的容积（V_2）之比。

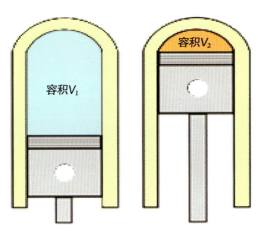

$V_1 - V_2 =$ 排气量

$V_1 : V_2 =$ 压缩比

气缸排气量及压缩比计算示意图

压缩比越高，发动机的热效率也可能越高，燃油燃烧更完全，发动机也就更省油。

高压缩比的发动机可以提高燃油与空气混合气在燃烧前的压力，让混合气的密度变大，使燃油分子和氧分子之间的距离变得更近，燃烧速度就更快。而且较小的燃烧空间更利于混合气完成燃烧，从而可以提高发动机的性能。

但压缩比增高后，对发动机材质的要求也更高，对燃油标号的要求也更高，有时反而会增加汽车的制造和使用成本。因此，压缩比要适当，一般现在汽油发动机的压缩比为9～13，柴油发动机的压缩比为18～23。

增压器为什么能增强发动机动力？

知识点：自然吸气 增压发动机 气体密度

如果发动机按进气方式分类，可分为自然吸气发动机和增压发动机。

只利用活塞下行所产生的真空度来吸入空气的发动机，就称为自然吸气发动机。

大型发动机的动力之所以比小型发动机强大，主要原因就是大型发动机的气缸排气量大，能吸入更多的空气。而更多的空气可以使更多的燃油燃烧，从而释放更多的能量，使发动机输出更大的转矩。

为了提高进气量而配备增压器的发动机，称为增压发动机。

将空气压缩后再吸入气缸，可提高进气压力，这也意味着空气密度更高，空气中的氧气含量也更高，从而可以让更多的燃油参与燃烧，输出更大的动力。

增压发动机主要有涡轮增压发动机和机械增压发动机两大类。

奥迪涡轮增压发动机构造图

机械增压器是怎样增强动力的？

知识点：机械增压器

机械增压器（Chargerturbo）由发动机的曲轴传动带驱动，它一直处于工作状态，可以将吸入的空气加压到超过正常气压，从而增加进气量，可以向燃烧室注入更多的燃油，最终达到增强动力的目的。但随着发动机转速的不断增高，机械增压器工作的声音会越来越大，而且它的增压作用会越来越小。

机械增压器实际上相当于是一个转子式压气机，通过转子的机械运转可以将即将进入气缸的空气进行压缩，从而达到增加进气量、增强动力的目的。

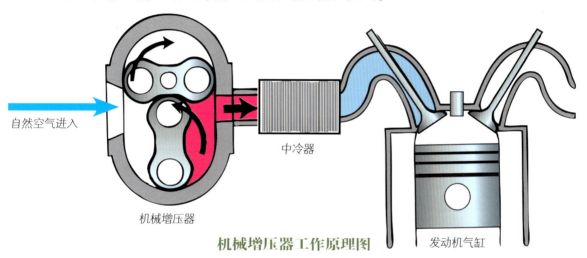

自然空气进入

中冷器

机械增压器

发动机气缸

机械增压器工作原理图

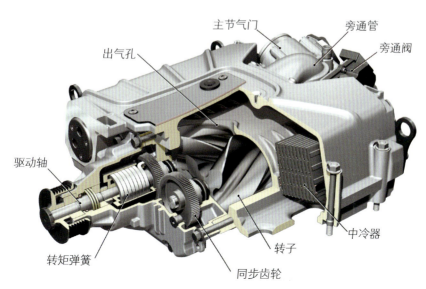

主节气门   旁通管

旁通阀

出气孔

驱动轴

中冷器

转矩弹簧

同步齿轮

转子

奥迪机械增压器构造图

涡轮增压器是怎样增强动力的?

知识点：涡轮增压器 气体密度

　　涡轮增压（Turbocharger）发动机是指利用废气冲击涡轮来压缩进气的增压发动机，简称Turbo或T。它是利用发动机排放出的废气，冲击装在排气系统中的涡轮叶片，使之高速旋转，并带动同轴的进气系统中的压气机叶片，以同样的速度高速旋转压缩即将进入气缸的空气。

　　压缩后的空气其密度增加，提高进气量，使更多的燃油参与燃烧，从而提高发动机的动力输出。

　　涡轮增压器是利用发动机的排气冲击力来驱动压气机的，所以，整个增压过程不会消耗发动机本身的动力。

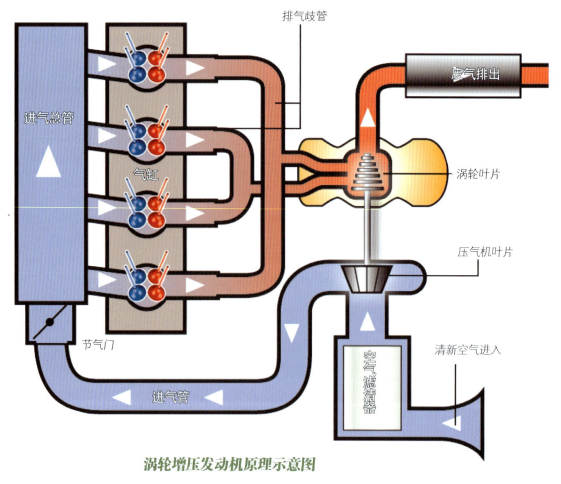

涡轮增压发动机原理示意图

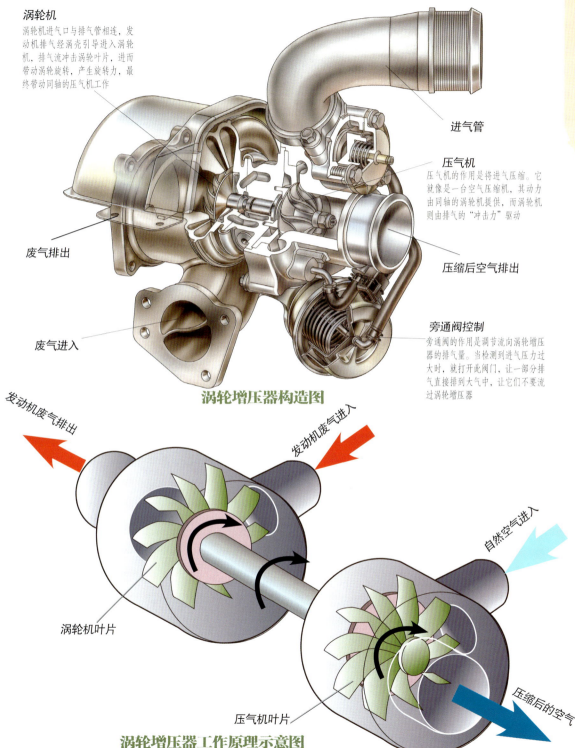

涡轮机
涡轮机进气口与排气管相连，发动机排气经涡壳引导进入涡轮机，排气流冲击涡轮叶片，进而带动涡轮旋转，产生旋转力，最终带动同轴的压气机工作

进气管

压气机
压气机的作用是将进气压缩。它就像是一台空气压缩机，其动力由同轴的涡轮机提供，而涡轮机则由排气的"冲击力"驱动

废气排出

压缩后空气排出

废气进入

旁通阀控制
旁通阀的作用是调节流向涡轮增压器的排气量。当检测到进气压力过大时，就打开此阀门，让一部分排气直接排到大气中，让它们不要流过涡轮增压器

涡轮增压器构造图

发动机废气排出

发动机废气进入

自然空气进入

涡轮机叶片

压气机叶片

压缩后的空气

涡轮增压器工作原理示意图

增压器为什么还要配中冷器？

知识点：气体压力与温度的关系

在密闭容器内，当气体受到压缩时，气体的密度随之增加，气体的温度也会跟着上升。

如果这种未经冷却的增压增温空气进入燃烧室，除了会影响发动机的充气效率外，还很容易导致发动机燃烧温度过高，造成爆燃等非正常燃烧，而且会增加废气中氮氧化物的含量，加重排放污染。为此，在增压发动机上都会配备中冷器，以便对压缩空气进行降温。

中冷器就是个散热器，把它放置在增压器与进气歧管之间，利用自然风吹散压缩空气中的热量，降低压缩空气的温度，从而保证进入气缸的空气只是升压但并没升温。

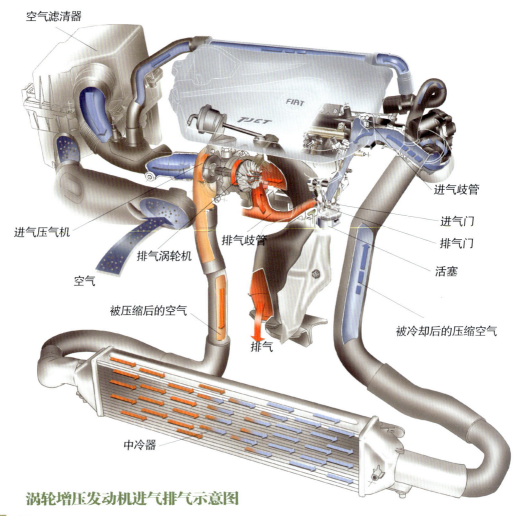

空气滤清器

进气歧管

进气门

排气门

活塞

进气压气机

排气歧管

排气涡轮机

空气

被压缩后的空气

排气

被冷却后的压缩空气

中冷器

涡轮增压发动机进气排气示意图

飞轮为什么能转个不停？

知识点：动量守恒定律 惯性

无论旋转速度如何高，活塞在四个行程中只有一次是做功的，而进气、压缩、排气三个行程中活塞都会遇到较大的阻力，需要一定的力量才能完成任务。因此，利用重量和直径都较大的飞轮先把动能储存起来，便可在进气、压缩、排气三个行程中带动曲轴平稳运转。

飞轮储存动能的原理有点像小孩子常玩的陀螺，用劲儿旋转后它会自动旋转一段时间。这是因为运动的物体都存在惯性，或者说都有一定的运动能量，当对它不施加外力时，物体会尽力保持原来的运动状态。

一个系统不受外力或所受外力之和为零，这个系统的总动量保持不变，这个结论叫作动量守恒定律。

在物理学中，动量是与物体的质量和速度相关的物理量。一般而言，一个物体的动量指的是这个物体在它运动方向上保持运动的趋势。用动量概念及动量守恒定律，也可以解释本书前面介绍的惯性现象及牛顿第一定律。

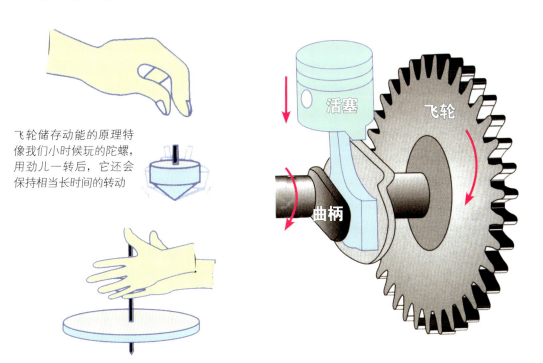

飞轮储存动能的原理特像我们小时候玩的陀螺，用劲儿一转后，它还会保持相当长时间的转动

活塞

飞轮

曲柄

除了存储动量以维持发动机连续运转外，飞轮还有另外两个作用：一是它的外周镶有齿圈，它与起动机直接相连，通过起动机带动飞轮旋转从而起动发动机；二是利用飞轮圆盘的大面积，可以让它与离合器相连，从而向传动系统传递动力。

发动机为什么能输出旋转力？

知识点：力的方向

　　活塞在气缸内做直线往复运动（转子发动机除外），它产生的动力是直线方向，但它的动力输出轴却是旋转运动，输出的是旋转力。其原理何在？

　　其实这与我们骑自行车时的情况类似。骑自行车时你的两个膝盖基本是上下直线运动，但带动车轮旋转的花盘却是旋转运动。因为膝盖下压或提起你的小腿后，将力量通过脚踝、脚、脚蹬子，便将往复运动转变为旋转运动。

　　在发动机内部也是如此，活塞相当于你的膝盖，连杆相当于你的小腿，曲轴相当于脚蹬子，当活塞上下运动时，便会带动曲轴做旋转运动。

凸轮轴

气门弹簧

火花塞

气门

活塞

活塞头部

曲轴平衡重

连杆

由直线运动转变为旋转运动示意图

曲轴

曲轴平衡重

发动机直线运动转为旋转运动构造图

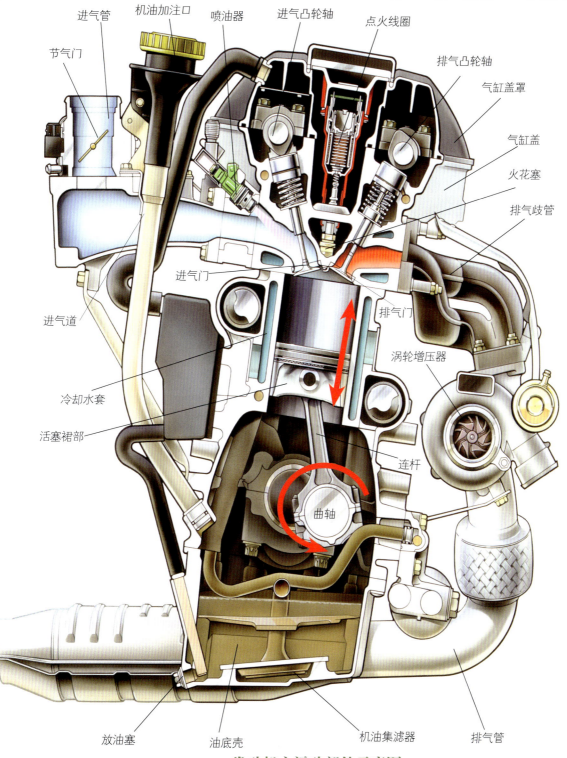

进气管　机油加注口　喷油器　进气凸轮轴　点火线圈

节气门

排气凸轮轴

气缸盖罩

气缸盖

火花塞

排气歧管

进气门

进气道

排气门

涡轮增压器

冷却水套

活塞裙部

连杆

曲轴

放油塞　油底壳　机油集滤器　排气管

发动机主运动部件示意图

机油是怎样消减摩擦力的？

知识点：摩擦力

如果说摩擦是运动部件的敌人，那么机油就是运动部件的朋友。

机油可以减小运动部件之间的摩擦力。同时，机油还能起到清洁、冷却、防锈、缓冲和密封等作用。

当发动机没有工作时，机油主要储存在油底壳。当发动机运转时，机油从油底壳经机油集滤器被机油泵抽送到机油滤清器中，经机油滤清器过滤后再进入主油道，然后再通过各分油道进入润滑部位。润滑后的机油在重力作用下，再流回到油底壳，参与再循环。

那么，机油是怎样起润滑作用的呢？它是怎样减小摩擦力的呢？

任何物体的表面都不像你所看到的那样光滑，表面上都有微小颗粒存在。当它接触其他物体时，这些微小颗粒便会阻止物体之间产生相对滑动。这种阻止物体相对滑动的力量，就称为摩擦力。

润滑系统将机油分散在摩擦面上，在摩擦面之间形成隔离层，并可以四处自由流动，这样就可以减小接触面上微小凹凸颗粒之间的摩擦，从而使部件之间的相对运动更加顺畅。

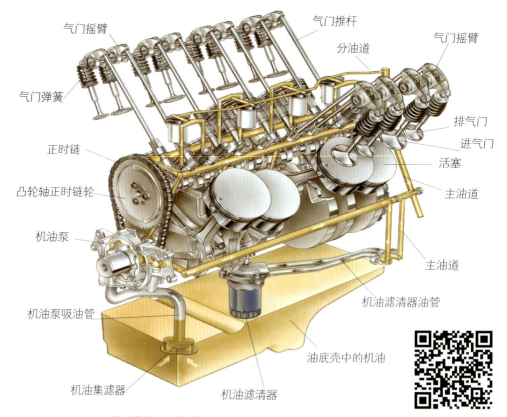

通用汽车 V8 发动机润滑系统示意图

扫一扫，即可观看发动机润滑过程视频

机油滤清器为什么要定期更换？

知识点：摩擦

在润滑过程中，即使发动机内各个角落都充满机油，但摩擦仍无法完全避免，摩擦力仍有残余。机件之间的磨损仍然存在并会产生一定的金属屑。

另外，燃油燃烧不完全所产生的炭粒、机油本身因受热氧化而产生胶质等，都会混合在机油中。如果把这含有杂质的机油直接送到运动部件表面，这些杂质就会成为磨料，加速部件的磨损，并且可能引起油道堵塞及活塞环、气门等部件胶结。因此，在机油循环系统中，必须装备滤清器对机油进行过滤，并且要定期更换，以保证它拥有较佳的过滤性能。所以，机油滤清器又被称为"发动机之肾"。

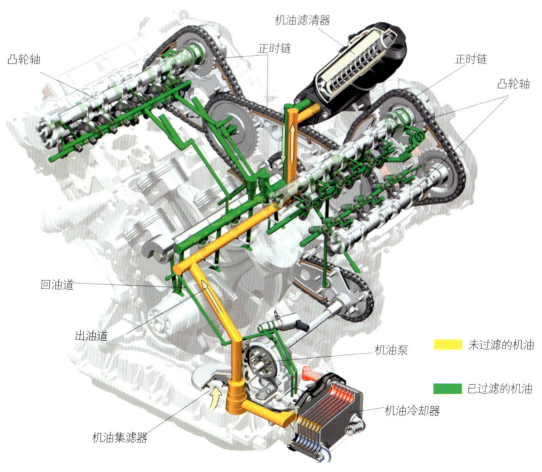

奥迪 3.0 升 V6 TFSI 发动机润滑循环系统

第五章 Chapter Five
功率与转矩
Power&Torque

1马力为什么不是一匹马的力量？

知识点：功率 马力 瓦特 千瓦

现在衡量发动机动力大小的方式有多种，但我们最为熟悉的可能还是马力（horsepower）。虽然英制马力和米制马力之间有微小差别，但我们仍然最喜欢用马力来表述一款汽车的动力强劲程度。

马力最早是指一匹货运马在一定时间内所做的功，而不是指一匹马的力量有多大。

马力（horsepower）是由苏格兰科学家詹姆斯·瓦特首先提出的。瓦特是蒸汽机的发明者，为了推销他的蒸汽机，他需要用一种办法来表示蒸汽机的能力大小。当时蒸汽机的潜在客户主要是矿井老板。他们使用大量的马匹拉动抽水机来抽取矿井中的水，或提升从矿井中挖出的煤。因此，瓦特就想到了用"马力"（马的能力的简称）来表示蒸汽机的能力大小。

詹姆斯·瓦特率先提出用"马力"来衡量蒸汽机的动力大小

瓦特是以当时小马驹的能力来作为估算基础的。一匹小马驹可以在1分钟内将220磅的煤提升100英尺，即22000磅力·英尺/分钟。瓦特考虑到成年马匹的能力更大些，他估计（实际是错误的）应大出50%，也就是大出一半，因此，他就将"1马力"简单定义为33000磅·英尺/分钟，或者是550磅·英尺/秒。

根据1磅=0.4536千克、1英尺=0.3048米，对1马力=550磅·英尺/秒进行合算后得出英制马力：

1英制马力=76.0415千克力·米/秒

实际上，一匹成年马比小马驹的能力大不出一半，达不到他定义的"1马力"的能力，只相当于他定义"1马力"的70%的能力。

后来为了便于人们认识马力的概念，也为了便于记忆和计算，又定义出与英制马力值接

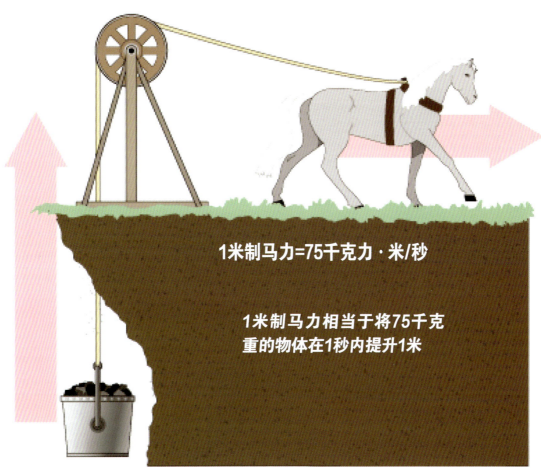

1米制马力=75千克力·米/秒

1米制马力相当于将75千克
重的物体在1秒内提升1米

"马力"概念示意图

近但更简明的米制马力：

1米制马力=75千克力·米/秒

　　显然，现在存在着两种不同的"马力"，1米制马力≈0.986英制马力，看着就有点乱。当说到某种机械的输出功率有多少马力时，还要加上是英制还是米制。一般来说，在英国和美国喜欢用英制单位，而在其他国家和地区都喜欢用米制单位。

　　为了避免误会，在正规场合或专业术语中，人们基本不再使用马力作为功率单位，而是使用瓦特（W）或千瓦（kW）作为功率的标准单位，或同时用马力和千瓦来表示。我国早已淘汰"马力"作为标准单位。

　　根据1千瓦=1000牛·米/秒、1千克力=9.8牛、1米制马力=75千克力·米/秒、1英制马力=76.0415千克力·米/秒，即可换算得出：

1千瓦=1.36米制马力=1.34英制马力

1米制马力=0.735千瓦　　1英制马力=0.745千瓦

为什么要用转矩和功率表示发动机的性能？

知识点：转矩 转速 功率 力臂

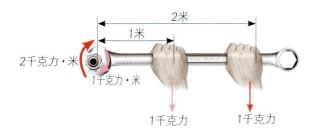

转矩是什么？

转矩（也称扭矩、扭力等）实际上更能代表力量的大小。当你用扳手去拧一个螺母时，施加在螺母上的力量大小就是转矩。如果你的扳手越长，或你越用力，那么施加在螺母上的转矩就越大。因此，转矩值的计算方法是力与力臂的乘积，或用公式表示为：

转矩=力×力臂

如，力是1千克力，力臂是1米，那么其所产生的转矩就是1千克力·米。

在发动机内部，燃油爆炸产生的爆炸力最终输出到曲轴上并使其旋转，从而输出旋转力，而表示旋转力的最好形式就是转矩。

气缸中的连杆相当于你的手臂和手，曲柄就相当于扳手。当燃烧室内混合气发生爆炸时，就会推动活塞及连杆上下运动，连杆通过曲柄"扭动"曲轴进行旋转。

曲柄越长，相当于扳手越长，那么施加在曲轴上的转矩就会越大。当然，曲柄较长的发动机，其每完成一个工作循环的时间也会相对较长，导致曲轴的转速较慢。因此，曲柄较长或者说气缸行程较大（曲柄长度×2=气缸行程）的发动机，其输出的转矩更高，但转速较低。这种发动机比较适合追

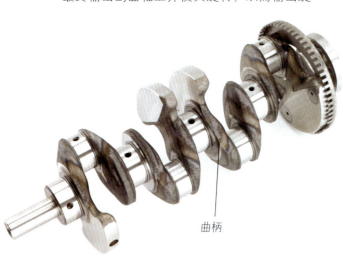

曲柄

曲柄长度×2=气缸行程

求拖动能力而不追求车速的车辆，如载货汽车、拖拉机、工程车辆等。

同理，如果曲柄较短，相当于扳手较短，那么施加在曲轴上的转矩就较小，但每完成一次工作循环的时间较短（行程较短），这样便会使曲轴的转速较高。这种低转矩、高转速的发动机更适合强调高性能的车型，比如跑车、赛车等。

从上面可知，如想让转矩输出较大，那么转速就可能降低；如让转速提高，那么转矩就会减小。因此为了综合评价发动机的动力性能，人们将转矩与转速的乘积定义为功率：

功率=转矩×转速

由上面公式中可以看出，功率随转矩或转速的增长而增长。然而，对于发动机来讲，转矩也随转速增长而增长。但当转矩增长到最大时，如右图A转速，转矩就会随转速增长而下降。此后功率还会随转速增长、转矩下降而继续增长，但当转矩下降到一定程度时，如右图B转速，功率值也会随转速增长而下降。

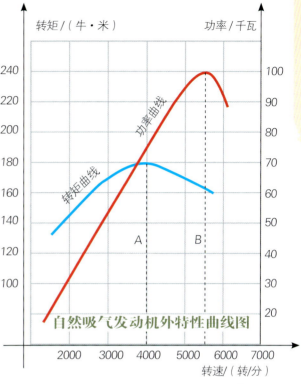

自然吸气发动机外特性曲线图

功率影响汽车的什么性能？

厂商在标注汽车发动机的性能时，通常要标出发动机的最大功率，如最大功率是100千瓦/5500（转/分）。这是指发动机在转速为5500转/分时功率达到最高。当发动机转速低于或高于5500转/分时，输出功率都要低于最大功率。如右上图示。

发动机的最大功率决定汽车所能达到的最高车速。

当汽车正常行驶时，汽车达到最高速度时，此时也是发动机输出功率最大的时刻。如果此时继续往下踩加速踏板，虽然可以将发动机的转速继续提升，但导致转矩下降很厉害，使输出功率反而会下降，车速也会从最高车速上降下来。

转矩影响汽车的什么性能？

发动机的转矩大小随着负荷大小(节气门开度)、(曲轴)转速高低等因素的不同而变化。在上图的转矩特性曲线中，其最大转矩为180牛·米/4000(转/分)，也就是说当转速为4000转/分时发动机便达到最大转矩，超过此转速后发动机的输出转矩便下降。

转矩特性主要影响汽车的起步和加速性能。

发动机在低转速区的转矩，直接影响汽车的起步性能；中转速区的转矩，影响中速时的加速性能；高转速区的转矩，影响高速时的加速性能。

功率和转矩为什么会随转速上升而下降？

知识点：**最大功率 最大转矩 转速**

发动机的最大转矩主要与发动机进气系统、供油系统和点火系统的设计有关。在某一转速下，这些系统的性能匹配达到最佳，就可输出最大转矩。

发动机在不同的转速下，对应了不同的转矩，将转矩和对应的转速相乘，可以找出最大功率点，同时该点对应的转速成为最大功率时的转速。如下图为发动机的功率、转矩、转速的对应关系图。从图中我们看到，发动机的最大转矩点和最大功率点不是同一转速。

发动机在高速运转时，进、排气门的开启时间相对变短，进、排气受到影响，同时点火系统的闭合时间变短，点火能量相对变弱。这些都影响发动机的转矩输出。当转速上升到一定程度时，发动机的工作状态就会变差，转矩输出也会跟着降低。

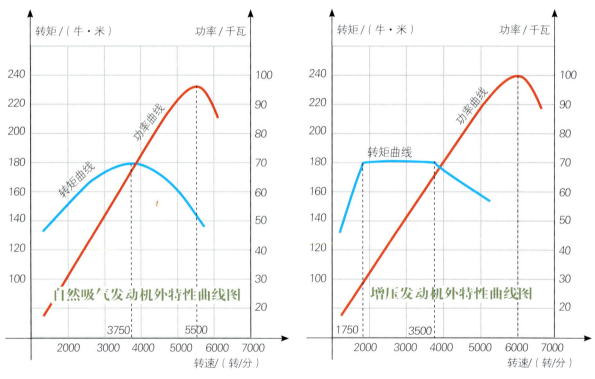

一般自然吸气发动机的最大转矩出现在3500～4500转/分，如上左图是3750转/分，然后开始下降。而增压发动机的最大转矩出现较早，并能维持一段转速区间，通常在1600～4000转/分区间，上右图是1750～3500转/分，都能维持最大转矩输出，这也是增压发动机的最大优势。

根据功率＝转矩×转速，当转速继续上升后，功率还会随着转速上升而继续上升，并在某个转速时达到最大，如上左图、上右图分别是在5500转/分、6000转/分时达到功率最大值。

然后，由于机械能力所限，随着转速的上升而使能量损失大幅增加，转矩也开始严重下降，致使功率从最大值上开始下降。

跑车发动机能拉动重型载货汽车吗？

知识点：功率 转矩 转速

　　虽然跑车发动机的最大功率动辄五六百千瓦，而重型载货汽车的最大功率才二三百千瓦，但跑车发动机也无法轻松驱动重型载货汽车i。一台发动机能否拉得动一辆汽车，不能看它的最大功率有多大，而主要应看发动机转矩够不够大，因为转矩才是影响汽车起步性能的最关键因素。相比之下，重型载货汽车的自重和载重都非常大，其总重往往是跑车的数十倍，在起步时需要极高的转矩才能将其驱动。

　　以兰博基尼Aventador S超级跑车为例，它采用6.5升的V12发动机，最大功率高达544千瓦/8500(转/分)，最大转矩更是高达690牛·米/5500(转/分)。这个数据在跑车中算是非常嚣张的了。而奔驰Actros 2644型重型载货汽车，采用12升的V6柴油发动机，最大功率只有320千瓦，但最大转矩却高达难以置信的2100牛·米/1100～1500(转/分)。

　　如果采用兰博基尼Aventador S的发动机来驱动Actros 2644型重型载货汽车，虽然它的最大功率要比Actros 2644型高很多，即使在起步时就将发动机转速提升到5500转/分，达到最大转矩690牛·米，但都不及Actros在怠速时产生的转矩，根本无法驱动Actros前进。

　　拿跑车与载货汽车相比，好比是拿马和牛相比。马比牛跑得快，但牛比马更有劲。

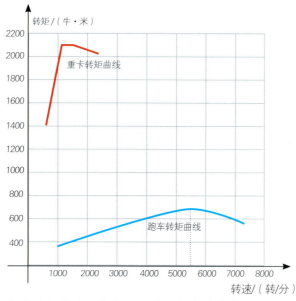

　　有一个办法可以让跑车发动机带动大货车，那就是彻底改变变速系统，增加减速器，扩大总传动比，将跑车发动机输出的较高转速充分地降低，使它在低速时的转矩充分扩大，以适应载货汽车的低速驱动系统，这样才可能驱动载货汽车前进。

　　什么用途的车就要配什么样的发动机。如果将跑车发动机与拖拉机的发动机互换，那么跑车和拖拉机都要"趴窝"。因此，在评价发动机性能时，不要只看发动机的排量或最大功率、最大转矩什么的，还要看它的工作特性。

怎样看懂发动机外特性曲线图？

知识点：外特性曲线

功率和转矩是谈论发动机时最常提到的术语。若过分强调功率或转矩的最大输出值就会显得以偏概全了。因为在日常行驶中，发动机运转范围相当大，自怠速800转/分左右的转速，可以上升到6000~7000转/分，不能仅局限于最大功率和最大转矩"那一点"上。所以，一台发动机的输出特性，须从其功率、转矩与转速关系的曲线图上，才能了解发动机的性能是否符合需求：是着重在日常市区行驶的低速大转矩反应，还是飙车族偏爱的高转速大转矩的高速疾驰。

发动机很难成为一个"全才"——在低、中、高速时都具有很好的转矩响应，不仅有劲而且跑得快，既当牛使又当马骑。设计发动机时只能有所侧重。

但随着汽车技术的进步，一些高性能跑车和高档轿车，在电子技术的支持下，可以让发动

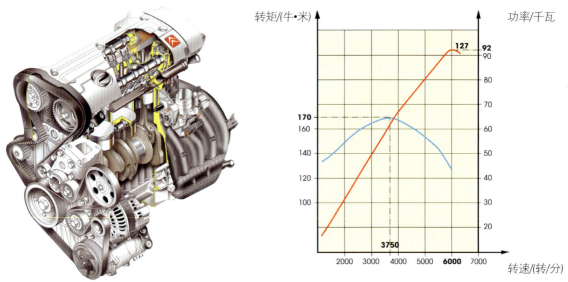

某品牌 1.8 升自然吸气发动机特性曲线

机一些原来不变的参数（如气门正时、气门升程、进气管长度、凸轮轴等）随发动机转速变化而变化，使发动机在不同转速下都能保持最佳状态。这些正是高级发动机的高明之处，也是各厂家技术竞争的关键。

如上图是一台1.8升16气门发动机的外特性曲线图。此发动机在6000转/分时达到最大功率92千瓦（约127马力），超过这个转速时发动机的功率开始下降。此发动机在转速达到3750转/分时转矩输出达到最大的170牛·米。而在经常使用的2000转/分时转矩只有100牛•米。由此分析，此发动机更适合高速公路行驶，而在市区行驶时起步能力不是很有优势。

下左图是某品牌1.8升增压发动机的特性曲线图。这是一款全能式的发动机，转矩曲线接

近理想状态，从低转速的1500转/分到高转速的4500转/分，发动机的转矩一直保持最高值250牛·米。这个转速区间正是我们日常在市区行驶时常用的转速，因此装配此发动机的汽车，其起步性能和加速性能应该不错，驾驭起来应比较顺手。此发动机的功率峰值高达118千瓦（160马力），并且出现在4500～6200转/分区间，可以使汽车持续输出最大功率。这也是比较少见的特性，可以使汽车很容易达到最高车速。

下右图是某品牌SUV车型3.0升柴油发动机的外特性曲线图。为了适应SUV在低速时的牵引能力，起步时的转矩曲线非常陡直，上升速度极快，在1500转/分时即达到转矩峰值，并一直维持到3000转/分。它的最大功率出现得也比较早，在3750转/分时即达到。这样虽然使它的最高车速不是特别高，但能很快就达到最高车速，比较适合SUV车型的动力需求。

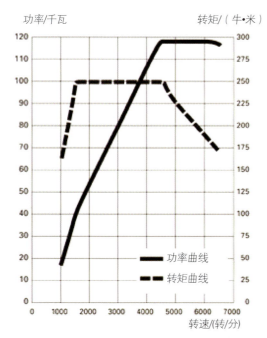

某品牌1.8升增压汽油发动机特性曲线

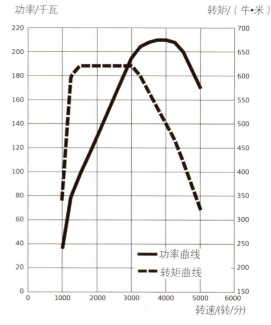

某品牌3.0升柴油发动机特性曲线

什么是发动机外特性曲线？ 你知道吗？ Do you know

发动机特性曲线一般有两条，一条为功率曲线，另一条为转矩曲线。节气门全开时的这一组曲线又称发动机的外特性曲线。

功率曲线比较陡峭，这表示发动机功率随着转速的提高而急剧上升，其峰顶对应的功率数值即为发动机技术参数中标注的"最大功率"。最大功率越大，汽车可能达到的最高车速也越高。

转矩曲线的两端比较低，中间凸起，并比较平缓。实际上，中间凸起部分越高越平缓，表示发动机的转矩特性越好，这种发动机的操纵性越好，汽车越好驾驭。如果在低速时便拥有较大的转矩，表明汽车的起步性能好；如果在中高速时才拥有较大转矩，那它可能是一台高速性能的发动机，在高速行驶时特性较佳。

第六章 Chapter Six
热量与能量
Heat&Energy

发动机为什么还要加冷却液？

知识点：热胀冷缩 能量转移

热胀冷缩是指物体受热时会膨胀，遇冷时会收缩的特性。

由于物体内的粒子（原子）运动会随温度改变，当温度上升时，粒子的振动幅度加大，令物体膨胀；但当温度下降时，粒子的振动幅度便会减小，使物体收缩。

发动机工作时要产生大量的热量，如果不及时降温冷却，那么在热胀冷缩原理的作用下，一些运动部件就会膨胀变形，从而导致发动机无法工作。

发动机主要靠冷却液的循环来散热，而冷却液的循环则依靠水泵。水泵对冷却液加压，强制冷却液在冷却系统中循环流动，将系统中的热量带到散热器中，然后被自然风吹到大气中。这个过程也是一种能量转移过程。

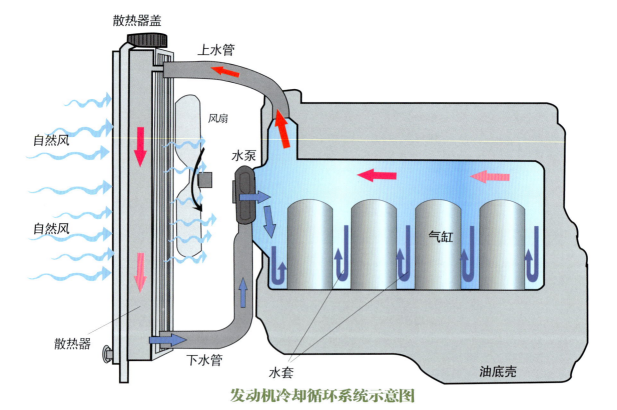

发动机冷却循环系统示意图

汽车内的暖风从哪来的？

知识点：汽车暖风　热对流

　　汽车内暖风的热源来自发动机运行中产生的热量。当发动机工作时，会产生较多的热量，这些热量通过冷却系统被吹散到大气中。暖风系统则是在冷却系统中引出一个热水管路，将温度较高的冷却液引入到暖气风箱中，然后由电风扇将暖气吹向驾乘室内，从而使车内温度提升。当热空气进入到驾乘室时，相当于在车内产生了热对流。

　　由于暖风的热源来自发动机自身的温度，因此只有发动机温度上升到一定温度后，才会有暖风吹进驾乘室。

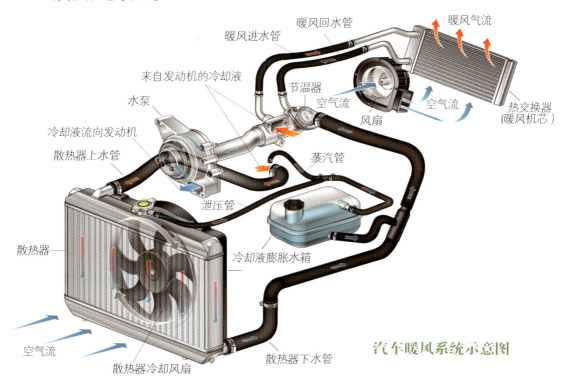

暖风回水管
暖风进水管
暖风气流
来自发动机的冷却液
节温器
空气流
水泵
空气流
风扇
热交换器（暖风机芯）
冷却液流向发动机
散热器上水管
蒸汽管
泄压管
散热器
冷却液膨胀水箱
空气流
散热器冷却风扇
散热器下水管

汽车暖风系统示意图

发动机内部温度和能量浪费

　　在发动机内部，当发动机以极高速度运转时，它的最高燃烧温度可以高达2500℃，最低也要超过1000℃。可惜的是，这些热量很难被有效利用，不仅如此，它还会使与其接触的机械部件受热膨胀，因此还必须消耗机械能使其降温。据测试，燃油燃烧产生的总热量有1/3就是被吹散到大气中，这部分能量被白白浪费掉。

汽车上的冷风从哪来的？

知识点：液化 汽化

当小孩发高烧时，最有效的物理降温法是用酒精来擦拭皮肤，酒精挥发时（由液体变成气体）就会带走孩子身上的热。我们在炉子上烧热水时，当水烧开时，水便由液体变成了气体，在此过程中水吸收了很多热量。

液体在变成气体的过程中，要吸收热量。

在低温天气或下雨时，驾驶室内的温度比车外温度高，此时汽车前风窗玻璃内侧的空气，通过玻璃感受到车外的低温，就会变成细小的液滴，即雾汽，蒙在玻璃上影响驾驶视线。冬天房间窗户玻璃上的雾，也是由于热空气遇到低温而形成的。热气体遇到低温时要放出热量。

气体在变成液体的过程中，要释放热量。

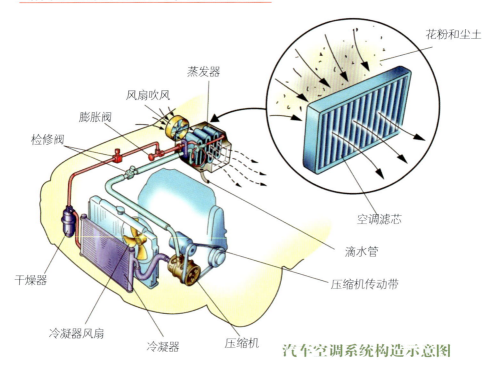

花粉和尘土

蒸发器

风扇吹风

膨胀阀

检修阀

空调滤芯

滴水管

干燥器

压缩机传动带

冷凝器风扇

冷凝器

压缩机

汽车空调系统构造示意图

液体汽化时要吸热，反之，气体液化时要放热。汽车空调正是利用了这个原理。它将液态制冷剂释放到压力正常的环境中，使制冷剂汽化，吸收热量，从而冷却了周围的空气，生成冷气并吹入驾乘室。

为了将汽化后的制冷剂再变成液体，它先是利用压缩机对制冷剂气体进行压缩，使它成为高温高压的气体，再经冷凝后（即释放热量）就转变为液体，以供循环使用。

压缩机由发动机驱动，因此只有在汽车起动后，空调系统才会工作。

空调系统工作时，制冷剂以不同的状态在这个密闭系统内循环流动，每个循环又由四个基本过程组成：

压缩过程

压缩机吸入蒸发器出口处低温低压的制冷剂气体，把它压缩成高温高压的气体排出压缩机。

放热过程

高温高压的制冷剂气体进入冷凝器，由于压力及温度的降低，制冷剂气体冷凝成液体，并排出大量的热量。

节流过程

温度和压力较高的制冷剂液体通过膨胀装置后体积变大，压力和温度急剧下降，以雾状（细小液滴）排出膨胀装置。

吸热过程

雾状制冷剂液体进入蒸发器，因此时制冷剂沸点远低于蒸发器内温度，故制冷剂液体蒸发成气体。在蒸发过程中大量吸收周围的热量，使周围空气温度降低并吹入驾乘室。而后，低温低压的制冷剂蒸气又进入压缩机。

上述过程周而复始，达到降低温度的目的。

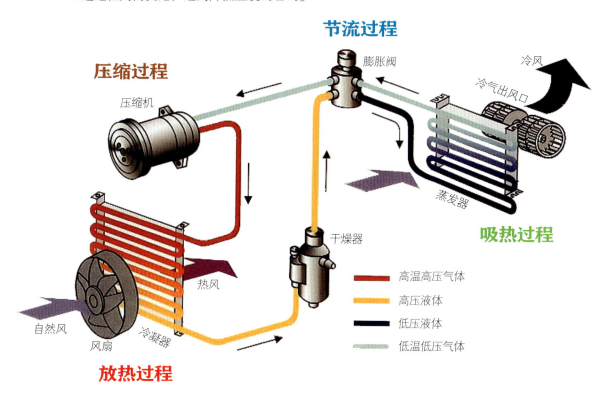

汽车空调工作原理示意图

制动盘是怎样使汽车制动的？

知识点：能量守恒定律 动能 热能 摩擦生热

快速行驶的汽车拥有巨大的动能，要想将其迅速制动并停下来，必须减小其动能或彻底消灭其动能。但根据能量守恒定律：

能量既不会凭空消灭，也不会凭空产生，它只会从一种形式转化为其他形式，或者从一个物体转移到其他物体，而在转化和转移的过程中，能量的总量保持不变。

因此，将汽车的动力减小直到降为零的最好办法就是将其转化为其他形式的能量。汽车的制动系统就是通过制动器的摩擦生热，将车轮上的动能转化为热能，并迅速扩散到空气中。

如果能尽快将摩擦生热转化来的热能释放出去，那么无疑会加快其转化速度，从而使汽

车尽快失去动能而制动。由于盘式制动器的散热性能较好，它可以使制动系统快速散热，因此从制动理论上讲，盘式制动器要强于鼓式制动器。

为了进一步提高制动性能，有些制动盘上还打有许多小孔，或将制动盘设计成空心通风式，从而加速散热。这就是我们常说的通风盘式制动。

我们可以理顺一下从发动机到制动器的能量转化过程：

汽油燃烧（化学能）→ 燃气膨胀（内能）→ 曲轴转动（动能）→ 车轮转动（动能）→ 制动器摩擦起热（热能）

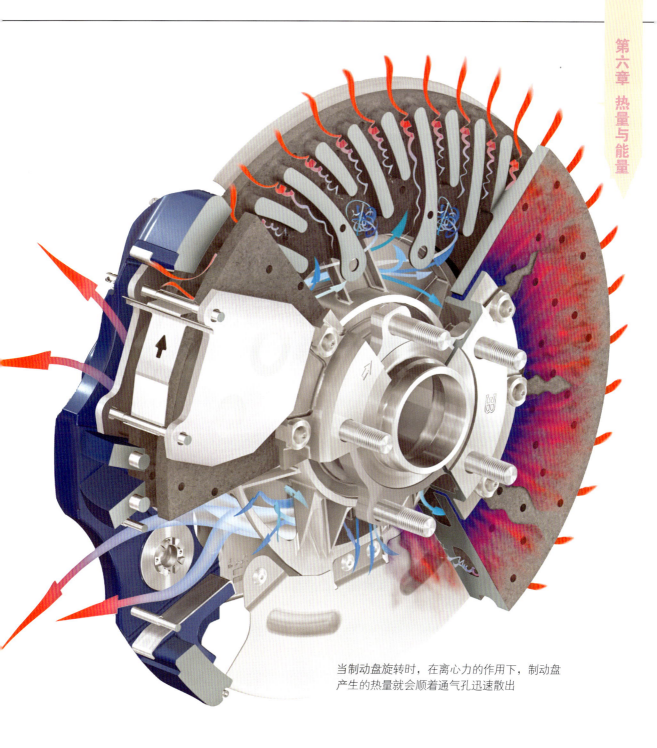

当制动盘旋转时，在离心力的作用下，制动盘
产生的热量就会顺着通气孔迅速散出

通风制动盘散热示意图

安全气囊为什么能迅速膨胀？

知识点：爆炸 化学反应

　　安全气囊其实是个爆炸装置，它由折叠好的气囊、充气器、点火器、炸药和相应的加速度传感器、控制器等组成。它的工作过程是：当碰撞发生时，控制器根据传感器发出的加速度信号，识别和判断碰撞的强度。当碰撞强度达到设计条件时，传感器迅速触动点火器并引爆炸药，爆炸时产生的氮气和固态粒子迅速充满气囊，使气囊膨胀起来。

　　安全气囊中炸药的主要成分是叠氮化钠（NaN_3），受到剧烈撞击时迅速分解生成大量氮气。其化学反应方程式是：

$$2NaN_3 \rightarrow 2Na + 3N_2$$

　　安全气囊不会轻易启爆。一般说来，只有以一定速度和角度撞击硬性物体时，安全气囊才可能会打开。汽车后碰、翻转或较低车速碰撞时，甚至轿车追尾钻入大货车尾部时，安全气囊都不一定能启爆。

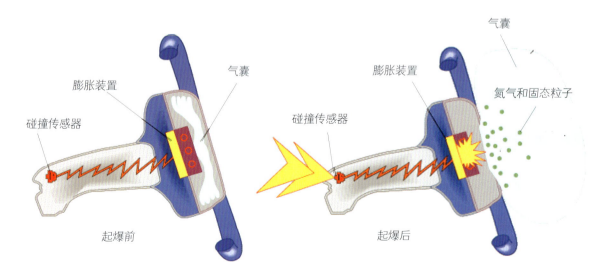

安全气囊构造示意图

正面碰撞安全气囊传感器

侧面碰撞安全气囊传感器

侧面碰撞安全气囊传感器

安全气囊碰撞传感器示意图

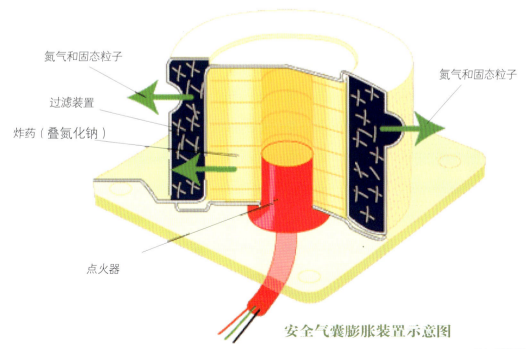

氮气和固态粒子

氮气和固态粒子

过滤装置

炸药（叠氮化钠）

点火器

安全气囊膨胀装置示意图

车身为什么可以溃缩吸能？

知识点：能量吸收

当汽车受到撞击时，能保护好车内驾乘人员不受伤害是最大的理想追求。现在的汽车厂商在设计车身时都会从两方面应对此事：

1）增大驾乘室的结构强度，让外力不容易使其变形，如赛车的车身防护，就是加装许多防滚杆，让驾乘室成为一个无比坚固的笼子。

2）减小驾乘室的撞击外力。现在汽车厂商采用的实际办法也有两个：一是将发动机舱的车身部分设计成具有吸收撞击能力的结构，如采用强度不是特别高的钢材，或在纵梁上设计一些褶皱，使其在受到撞击时能够快速溃缩，从而吸收撞击能量；二是将撞击力分散开来，不让撞击力集中撞向驾乘室的要害部位。

下图中绿色和红色纵梁就是一个吸能设计，当汽车受到正前方撞击时，它的前部会自动溃缩，但其后部并无变形。同时发动机托架也自动下沉，使发动机和变速器降落到车底部，避免发动机挤向驾乘室。

撞击后驾乘室不变形或少变形是安全车身追求的最佳效果，这样可以保护车内驾乘人员不受伤害或少受伤害。而对于发动机舱被撞得如何"惨不忍睹"，都无所谓了

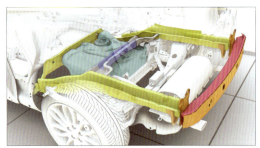

吸能结构

追尾碰撞时溃缩吸能结构示意图

碰撞力为什么还能转移?

知识点: 能量转移

　　为了保护驾乘室中的驾乘人员, 当汽车受到正面、侧面和后面的撞击时, 利用巧妙的车身构造设计, 还可以将撞击力分散、转移到更大范围, 从而减轻驾乘室的变形, 保护车中驾乘人员安全。

　　使冲击力分散和转移, 就好像是武林高手在与人过招时知道避开或化解对手的打击力一样, 将对手强大的力量化解, 从而保全自己不受伤害。

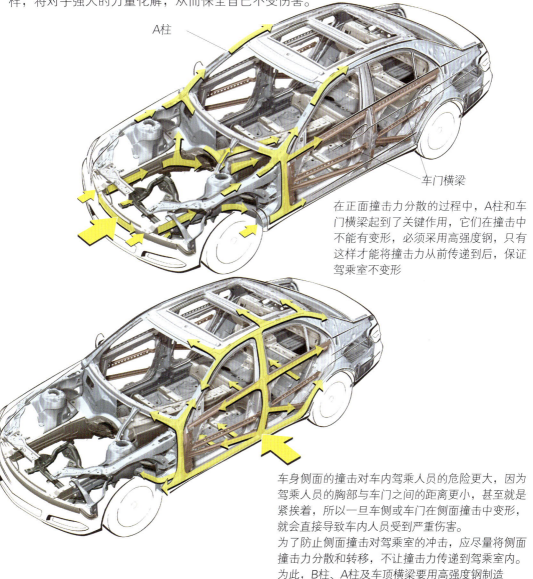

A柱

车门横梁

在正面撞击力分散的过程中, A柱和车门横梁起到了关键作用, 它们在撞击中不能有变形, 必须采用高强度钢, 只有这样才能将撞击力从前传递到后, 保证驾乘室不变形

车身侧面的撞击对车内驾乘人员的危险更大, 因为驾乘人员的胸部与车门之间的距离更小, 甚至就是紧挨着, 所以一旦车侧或车门在侧面撞击中变形, 就会直接导致车内人员受到严重伤害。
为了防止侧面撞击对驾乘室的冲击, 应尽量将侧面撞击力分散和转移, 不让撞击力传递到驾乘室内。
为此, B柱、A柱及车顶横梁要用高强度钢制造

第七章 Chapter Seven

声音与振动
Noise&Vibration

发动机声音为什么有时节奏明显？

知识点：声音来源　声音传播

　　只要发动机起动，汽车就会发出一定的声音，其中以发动机发出的声音为主，并且是很有节奏感的声音。其实声音都是由振动引起的。

　　声音是由物体振动产生的声波，并通过介质（空气或固体、液体）传播并能被人或动物听觉器官所感知的波动现象。

　　最初发出振动的物体叫声源。声音以波的形式振动传播。声音作为一种波，频率在20 Hz～20 kHz之间的声音是可以被人耳识别的。

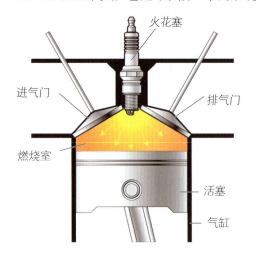

　　发动机噪声主要包括燃烧噪声、机械噪声和排气噪声。

　　燃烧噪声是指气缸燃烧压力通过活塞、连杆、曲轴、缸体等途径向外辐射产生的噪声。

　　机械噪声是指活塞、齿轮、配气机构等运动件之间机械撞击产生的振动噪声。

　　排气噪声是指发动机排气产生的声音。

　　一般情况下，高转速时机械噪声占主要地位。低转速时燃烧噪声占主要地位。由于发动机的燃烧是按规律进行的，致使燃烧噪声是有节奏的，因此在低转速时（如怠速时），我们会听到有节奏的发动机声音。

车身为什么有时会发出"嘎吱"声？

知识点：振动产生噪声　热胀冷缩

　　一切声音都是因物体振动而产生的声波。汽车发出的"嘎吱"金属声，也都是因金属件振动而产生的振动波。

　　行驶中有时产生"嘎吱"声。汽车在运动时，尤其是行驶在不平路面时，车身会产生一定的扭曲，此时车身钣金件在各种力的作用下就会产生一定的扭曲和振动，并引起其周围空气的振动，继而形成声波并传到我们的耳中。底盘中的部件，尤其是传动和悬架结构等运动部件，在运行时也会因转动、扭动或振动而产生一定的噪声，尤其是汽车行驶在不平路面或高速行驶时，底盘噪声可能更大。

　　刚停车时有时会发出轻微的"嘎吱"声。车身钢板或其他金属部件在汽车行驶中会产生扭曲，尤其是行驶在多弯或不平道路时扭曲幅度更大。金属部件会因频繁扭曲动作而使温度上升。另外，发动机排气系统中的消声器、三元催化转换器、排气管等，在行驶时温度非常高。当停车后，发动机熄火，这些金属件在热胀冷缩原理的作用下，都会因温度下降而收缩，并在收缩时引起其周围空气的振动，继而产生声波并传到我们的耳中。

发动机噪声

底盘结构噪声

车身结构噪声

空气噪声

轮胎噪声

汽车噪声源示意图

风噪是怎样产生的？

知识点：声音来源 声音传播

　　一切声音都是因引起空气振动而产生和传播的。汽车行驶时产生的风噪也不例外。我们乘坐在高速行驶的汽车中，如果打开车窗，哪怕打开一条小缝，就会听到车身周围的"嗖嗖"声，这就是空气噪声，简称风噪。

　　汽车上的空气噪声主要包括风阻噪声和风笛噪声。

　　风阻噪声是指空气流过车身时与车身之间的摩擦声。当车身与空气之间快速摩擦时，会引起车身周围空气的振动，继而产生声音并传到我们的耳中。风阻越大的汽车，其引起的空气振动也较大，风阻噪声就越大，因此现在轿车都要设计成流线形，以减小空气噪声。

　　风笛噪声是指空气进入或流出车身钣金缝隙时产生的噪声。当空气从这些缝隙流过时，会引起缝隙处空气的振动，继而产生声音。车门、车窗等密封性越好的汽车，其风笛噪声就越小。

轮胎转动时为什么会有噪声？

　　当汽车快速从我们眼前驶过时，我们往往会听到它的轮胎发出的"嗞嗞"声，即轮胎噪声，简称胎噪。

　　轮胎噪声主要来源于两个方面，其一是轮胎凸起部分撞击路面引起轮胎周围空气振动，因此产生声音；其二是轮胎沟槽内的空气先是被压缩，当辗压过后又被释放，这相当于爆破的气球，也能引起轮胎接地面后面的空气产生剧烈振动，从而产生一个个爆破声。由于轮胎转速较快，因此听起来就是连续不断的声音。

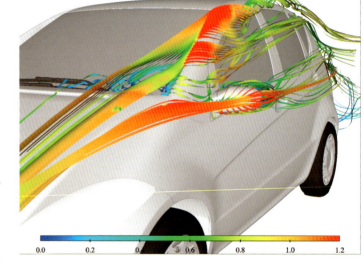

0.0　　0.2　　0.4　　0.6　　0.8　　1.0　　1.2

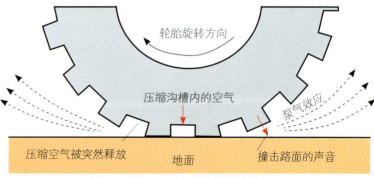

轮胎旋转方向

压缩沟槽内的空气

泵气效应

压缩空气被突然释放　　地面　　撞击路面的声音

轮胎噪声产生原理示意图

消声器是怎样降低发动机排气声的？

知识点：声音来源 声音传播

排气噪声是一种在空气中传播的冲击波。当发动机气缸开始排气行程时，此时气缸内的压力高达300～400千帕。因此，在排气管路内形成非常强的排气冲击波，从而形成较大的噪声源。为了减小排气噪声，都会在排气系统中安装消声器。

消声器的工作原理是消减排气冲击波的能量，包括冲击波的压力和温度。因此，一般都是围绕以下三个方面进行消声：

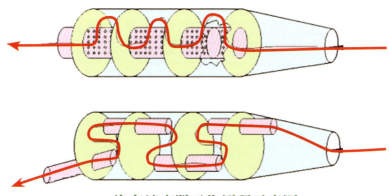

汽车消声器工作原理示意图

1）多次改变排气流的方向。

2）使排气流反复通过收缩和扩大的通道或曲折异常的通道。

3）使排气流通过多孔管流动，使之产生摩擦而转化成热能并耗散掉，使声波减弱。总之，就是尽力不让排气顺利地通过，利用各种方式减弱排气流所含的内能，减小排气压力，从而达到减小排气噪声的目的。

什么是 NVH 特性？

NVH即Noise（噪声）、Vibration（振动）和Harshness（声振粗糙度，通俗地称为不舒适性或不平顺性）的缩写。噪声是由振动引起的，通过振动波来传递，因此噪声、振动和声振粗糙度三者在汽车等机械振动中是同时出现且密不可分的，通常把它们放在一起进行研究，并简称为汽车的NVH特性。简单地讲，驾乘人员在汽车中的一切触觉和听觉感受都属于NVH研究的范畴，此外还包括汽车零部件由于振动引起的强度和寿命等问题。

车辆在行驶时的振动源主要有三个：发动机、传动系统和不平的路面。

车辆在行驶时的噪声则主要有四个：发动机产生的噪声、空气流过车身时的噪声、轮胎滚动和振动时的噪声，以及车身和底盘结构振动时产生的噪声。

汽车是怎样降噪和隔声的?

知识点：声音来源 声音传播

汽车行驶会产生多种噪声，噪声较大时会影响驾驶的安全性以及乘坐舒适性，因此必须想方设法降低甚至隔绝一些噪声。

声音是由振动引起并通过空气传播的，那么为了降低噪声或隔绝声音，就要想法抑制振动和阻止声音在空气中的传播。因此，降噪和隔声的基本思路是这样的：

物体振动产生声音→声波在空气中传递→声波进入多纤维结构棉→声波经过无数纤维的反射、相互叠加、碰撞，声波能量转化为热能→声波强度减弱→声音消失。

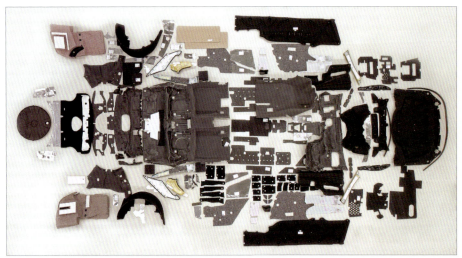

某款轿车共采用约170块独立的隔声材料

汽车上的隔声材料共分成四类：减振材料、吸声材料、隔声材料和密封材料。其中，一般都是采用纤维多孔材料作为隔声材料，如聚酯纤维棉隔声棉、离心玻璃棉、岩棉、矿棉、植物纤维喷涂等。这些材料的隔声机理是：

材料内部有大量微小、连通的孔隙，声波沿着这些孔隙可以深入材料内部，与材料发生摩擦作用，从而将声能转化为热能。具体措施如下：

1）在发动机舱盖处粘贴防火隔声棉，隔声棉能大量吸收发动机运转时的噪声。

2）在发动机舱与驾乘室之间的前围板处安装隔声板，在仪表板下层安装防振垫，减少发动机噪声的传入。

3）在副车架上安装发动机、悬架、差速器时，利用具有缓冲作用的橡胶垫或衬套来吸收它们的振动。

4）在车厢内中央底盘、后车厢底盘上安装减振隔声垫及防水隔声棉、石棉垫等，其主要作用是缓解中央底盘、行李箱下底盘部件在高速行驶时由于钣金结构件的振动而引起的共鸣，减少轮胎噪声传递，降低由排气声传入后车厢的共鸣声压等。

5）在车门内饰件的内面贴上一层隔声棉，在门板的内侧粘贴减振垫，加装车门密封条以加强车门与车门框的密封性。这样不仅能加强车门的刚性减少共鸣声，而且能有效降低汽车高速行驶的风噪声。

6）在前后轮侧围板处粘贴吸声材料，可减少行驶时减振器传入的声音，抑制和吸收轮胎噪声。

7）车厢内车顶粘上一层隔声棉，不仅能有效阻隔太阳酷晒，防止车厢内温度直线上升，并能有效减少雨天时雨滴撞击车顶的声音传入车内。

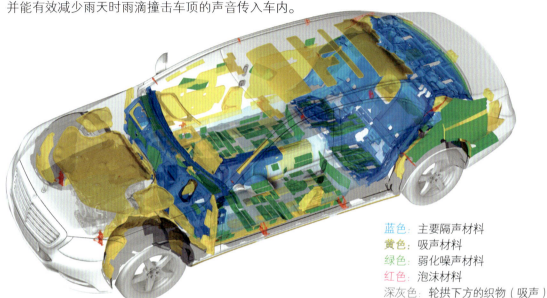

蓝色：主要隔声材料
黄色：吸声材料
绿色：弱化噪声材料
红色：泡沫材料
深灰色：轮拱下方的织物（吸声）

某款轿车主要隔声材料布置示意图

汽车不能没有噪声 你知道吗？ Do you know

汽车噪声是汽车性能的一部分，汽车不能没有噪声，或者说车厢内不能太安静，否则你可能会失去相应的行车信息。如果没有发动机噪声，你就没有加速感和驾驭感；如果没有风噪，你就可能失去速度感；如果没有胎噪，你可能会失去路感甚至方向感；还有，如果你听不到旁边车辆的超车声或听不到后方车辆的鸣喇叭，也会给自身带来危险。汽车隔声要根据车型定位做到恰到好处，太静和太吵都不好。

电动汽车行驶时电动机的声音较小，汽车周围的行人可能会不容易注意到汽车的到来，因此会给行人带来安全危害。为此，欧洲等地都已通过立法的形式强制要求为电动汽车配上声音，以提示路人。

悬架弹簧为什么要配上减振器？

知识点：弹力 回弹

仔细观察下自行车座下面，都有两三根弹簧支承着座椅，这样骑车过减速带时就不会很颠。汽车的车身也是通过弹簧支承在轮轴上，这样行驶时乘坐其中的人就不会感觉很颠。这是因为弹簧有弹力，并且弹力是渐变的，使人感觉更容易接受和舒适。

发生形变的物体，由于要恢复原状，对与它接触的物体会产生力的作用，这种力叫作弹力。

那么，既然有了弹簧用来减轻颠簸程度，那为什么还要配个减振器呢？

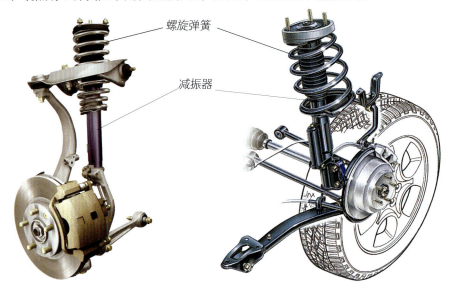

螺旋弹簧

减振器

在车辆受到路面颠簸冲击时，弹簧会以本身的压缩变形吸收振动的力量，缓冲不平路面对车身造成的颠簸和振动。然后，在冲击力量消失时，弹簧会在恢复原状的同时释放吸收的能量，自身拉伸变长，从而将车辆往上弹，这种现象即称为回弹（rebound）。

回弹会使车中乘客感到不舒适，而且会造成车辆操控困难，容易发生危险。所以在悬架中(一般是在弹簧圈中)装置减振器(shock absorber)，阻止产生回弹。

若悬架中缺少了减振器，只有弹簧，那么情况就像是车轴上只加装了弹簧的手推车，走起路来车身会不停地摇动。因为，虽然弹簧发挥了它的弹性功能，却没有减振器将车身稳定下来。

弹簧的作用是缓冲地面的冲击，而减振器的作用却是限制弹簧的过分弹力，或者说是约束弹簧、稳定弹簧的。只有二者相互配合，再加上一些连杆的限制，才能保证汽车拥有较好的减振效果。

汽车上最常用的弹簧有钢板弹簧（主要用在载货汽车上）、螺旋弹簧（主要用在轿车上）和空气弹簧（主要用在豪华轿车、大客车上）。它们都要配备减振器才能更好地起到减振作用。

弹簧为什么有软硬之别？

知识点：劲度系数 胡克定律

床垫有软硬之分，汽车的悬架也有软硬之别。悬架是由弹簧、减振器和连杆组成的，因此弹簧的劲度系数、减振器的阻尼系数和连杆的结构设计，是决定悬架性能的三要素。

胡克定律：弹簧在发生弹性形变时，弹簧的弹力F和弹簧的伸长量（或压缩量）x成正比，即$F=kx$。k是弹簧的劲度系数。

弹簧的劲度系数又称弹性系数、倔强系数或刚度系数，它在数值上等于弹簧伸长（或缩短）单位长度时的弹力。它的大小直接反应弹簧的软硬程度或刚度。不同材质、结构和设计的弹簧，其劲度系数不同，从而导致汽车的悬架具有不同的软硬性能。

一般来讲，强调运动性能或操控性能的车型，其悬架弹簧会采用弹性系数较大的弹簧，以便让悬架感觉较硬些；注重舒适性的车型，则采用弹性系数较小的弹簧，以便让悬架感觉较软些。

减振器

螺旋弹簧

减振器为什么能抑制弹簧振动？

知识点：阻尼 阻尼力 阻尼系数

　　减振器的作用并不是直接减振，而是通过限制弹簧的振动来减小车身的振动。一辆只有减振弹簧而没有减振器的汽车，行驶起来可能会振动不止；而一辆只有减振器而没有弹簧的汽车是无法行驶的。

　　液压式减振器是汽车上最常用的减振器，其原理是在一个钻有小孔和装有活塞的筒内注满压力油，当弹簧振动时，油液会被迫流过小孔，从一个内腔流到另一个内腔，此时，孔壁与油液间的摩擦及液体分子内的摩擦，便形成阻尼力而起到抑制弹簧振动的作用。

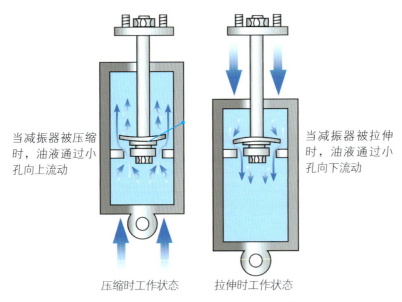

当减振器被压缩时，油液通过小孔向上流动

当减振器被拉伸时，油液通过小孔向下流动

压缩时工作状态　　拉伸时工作状态

液压减振器工作原理示意图

　　减振器的阻尼力是一种摩擦力，而且与减振油液的黏性、活塞相对速度成正比，与速度的方向相反。就是说，振动速度越快，阻尼力越强。

　　阻尼是指任何振动系统在振动中，由于外界作用或系统本身原因引起的振动幅度逐渐下降的特性。

　　阻尼力就是指阻止物体继续振动的力量。

　　阻尼力和作用力的比值，称为阻尼系数。

　　在液压式减振器中，小孔直径的大小，决定了限制(或减振)的作用大小。如小孔直径较小，则有较强的限制，汽车稳定性会较高；反之，汽车舒适性则较高。设计时，小孔直径的大小要兼顾稳定性及舒适性。

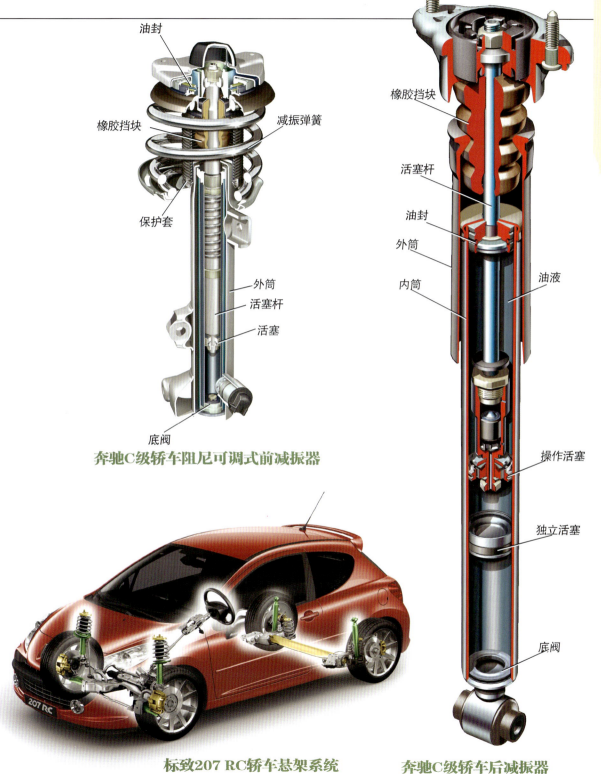

油封

橡胶挡块

减振弹簧

橡胶挡块

保护套

活塞杆

油封

外筒

外筒

活塞杆

油液

活塞

内筒

底阀

奔驰C级轿车阻尼可调式前减振器

操作活塞

独立活塞

底阀

标致207 RC轿车悬架系统

奔驰C级轿车后减振器

空气为什么也能当作弹簧？

知识点：弹性系数

　　按一下篮球或足球，你的手就会感觉到弹力。既然空气也有弹力，就可以用来充当支承车身的弹簧。

　　<u>空气弹簧其实就是一个或多个密闭的气囊，由空气泵向其充入空气，通过控制进气量来调节气囊的弹性系数，从而调节悬架的性能。</u>

　　空气弹簧主要有两种形式：一是与减振器整合在一体，如右图，将减振器置于空气弹簧之中；二是囊状空气弹簧，如下图中的空气弹簧。这样的空气弹簧一般做成多节式气囊，节与节之间有钢质腰环，防止中间部

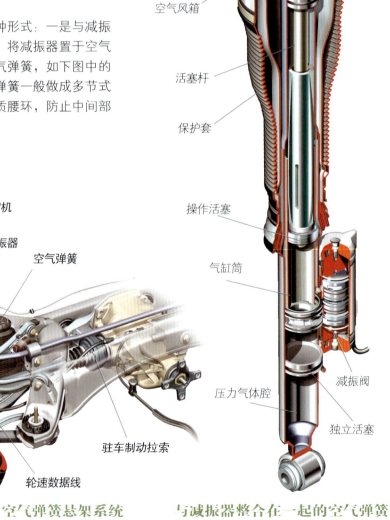

残余压力阀
空气分配阀
空气腔
橡胶挡块
空气风箱
活塞杆
保护套
操作活塞
气缸筒
压力气体腔
减振阀
独立活塞

储气罐
空气压缩机
减振器
空气弹簧
驻车制动拉索
轮速数据线

空气弹簧悬架系统　　**与减振器整合在一起的空气弹簧**

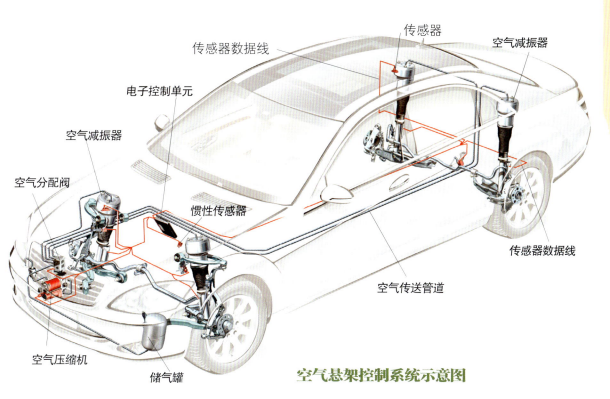

空气悬架控制系统示意图

图中标注：
传感器数据线
电子控制单元
空气减振器
空气分配阀
空气压缩机
储气罐
惯性传感器
传感器
空气减振器
传感器数据线
空气传送管道

分径向扩张。

　　由于充入空气弹簧中的空气量可以控制，因此空气弹簧的高度也是可控的。这就是一些汽车可以升降车身高度的原因。

　　由于可以单独控制每个车轮上的空气弹簧的高度，因此，空气悬架系统还能自动保持车身水平高度，无论空载还是满载，或出现不平衡乘坐现象，车身都能保持水平状态。

　　与传统悬架系统相比较，空气悬架具有很多优势，主要是可以实现主动式控制。例如，高速行驶时，悬架可以变硬，提高车身稳定性；长时间低速行驶时，控制单元会认为正在经过颠簸路面，使悬架变软来提高乘坐舒适性。现在汽车上的主动式悬架，基本上都是由控制空气弹簧的特性而实现的。

空气悬架工作原理

　　空气悬架是一种主动悬架，它可以控制车身高度、车身倾斜度和减振阻尼系数等。空气悬架中的电子控制单元（ECU）根据惯性传感器、车身高度、车速、转向角度及制动等信号，实时控制空气压缩机的工作情况。空气压缩机将高压空气输送到每个空气悬架中，根据需要控制每个悬架的行程、阻尼系数及高度等，从而使汽车具有良好的乘坐舒适性和操纵稳定性。

第八章 Chapter Eight

光与波
Light&Wave

前照灯为什么能照射很远？

知识点：反射原理 凹面镜特点 抛物线镜面特点

汽车前照灯内一般都有一个像碗一样的反光罩，尤其是卤素前照灯中的反光罩非常明显。反光罩的作用是将发光体即灯泡的光线投射到汽车前方更远的地方。其中利用了抛物线镜面的反射原理：

任何一条通过抛物线焦点的光线，经抛物线反射后的反射光，都与抛物线的对称轴平行。

反光罩是一个抛物线镜面，将光源放置在抛物线面的焦点处。当光线照射到反射罩上后，根据抛物线镜面的反射原理，光线就会以与主光轴平行的方向射向较远的前方。

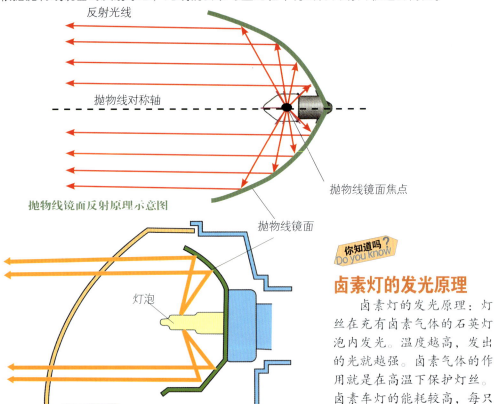

反射光线

抛物线对称轴

抛物线镜面焦点

抛物线镜面反射原理示意图

抛物线镜面

灯泡

你知道吗？
Do you know

卤素灯的发光原理

卤素灯的发光原理：灯丝在充有卤素气体的石英灯泡内发光。温度越高，发出的光就越强。卤素气体的作用就是在高温下保护灯丝。卤素车灯的能耗较高，每只灯泡的功率一般为55瓦。

卤素前照灯构造示意图

氙气前照灯为什么很亮?

知识点： 凸透镜特点 椭圆镜特点 光的可逆性

氙气前照灯一般采用椭圆镜和凸透镜组合的结构，组成所谓的投射式灯具。

氙气前照灯的反光罩是一个椭圆镜面，而椭圆镜面有两个焦点。

从椭圆镜面的一个焦点发出的光线，将汇聚于椭圆镜面的另一个焦点。

将氙气前照灯的发光体置于椭圆镜面的后焦点，而椭圆镜面的前焦点与凸透镜重叠。这样，氙气灯泡发出的光线就会先汇聚于椭圆镜面的前焦点上，此前焦点与凸透镜焦点重合。

从凸透镜焦点发出的光，通过凸透镜后会平行于主光轴。

因此，当汇集于凸透镜焦点上的光线穿过凸透镜后，就会形成与主光轴平行的光线，从而可以照射到较远的前方。

与反射式灯具相比，投射式灯具光源的利用率更高，可以达到80%，是普通卤素前照灯的两倍，因此，氙气前照灯比卤素前照灯更亮。

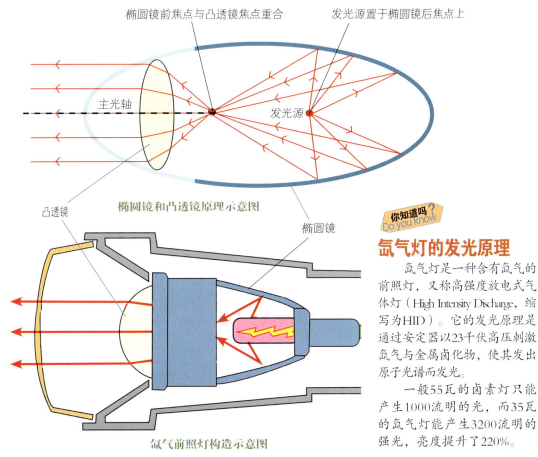

椭圆镜前焦点与凸透镜焦点重合

发光源置于椭圆镜后焦点上

主光轴

发光源

椭圆镜和凸透镜原理示意图

凸透镜

椭圆镜

氙气前照灯构造示意图

你知道吗? Do you know

氙气灯的发光原理

氙气灯是一种含有氙气的前照灯，又称高强度放电式气体灯（High Intensity Discharge，缩写为HID）。它的发光原理是通过安定器以23千伏高压刺激氙气与金属卤化物，使其发出原子光谱而发光。

一般55瓦的卤素灯只能产生1000流明的光，而35瓦的氙气灯能产生3200流明的强光，亮度提升了220%。

抬头显示为什么能在车前投影？

知识点：反射 光沿直线传播 虚像

抬头显示（Head-up Display,简称HUD）也称平视显示系统，它默认显示行车速度，还可以显示自适应巡航（ACC）的相关信息以及导航的路口转向等信息。驾驶人几乎不需要低头观看仪表板就能了解行车和导航信息，极大地提高了行车的安全性。

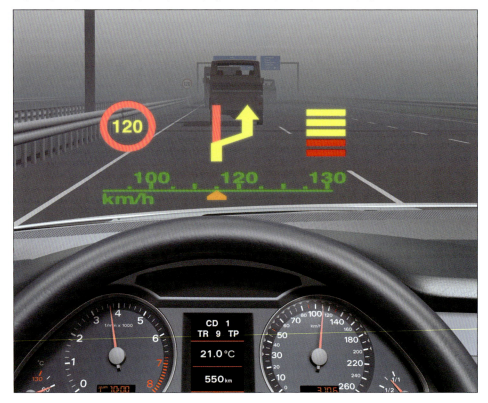

HUD的构造主要包括两个部分：信息处理单元与影像显示装置。信息处理单元是将行车各系统的信息，如车速、导航等整合处理之后，转换成预先设定的符号、图形、文字或者数字的形态输出；影像显示装置安装在仪表板上方，接收来自信息处理装置的信息，然后投射在前风窗玻璃的全息半镜映射信息屏幕上。如P119页下图所示，显示内容先被投射到固定矫正镜上，然后反射到旋转矫正镜，再投射到前风窗玻璃上，最后在驾驶人面前一定距离显示模拟图像，在物理上也称为虚像。

如果物体发出的光经反射或折射后，它们反向延长后相交所成的像叫作虚像。

显示内容先反射到前风窗玻璃上，然后再反射后进入驾驶人的眼睛，引起视觉。由于有光沿直线传播的经验，人会感觉这些光好像是从进入人眼光线的反向延长线的交点处发出的。

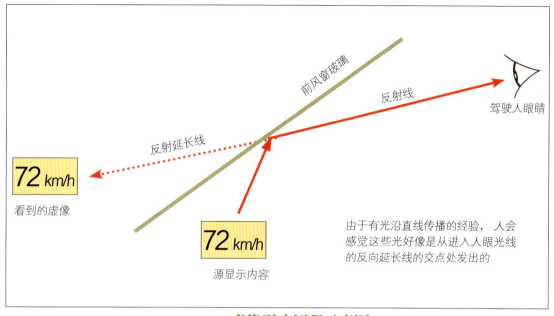

虚像形成原理示意图

由于有光沿直线传播的经验，人会感觉这些光好像是从进入人眼光线的反向延长线的交点处发出的

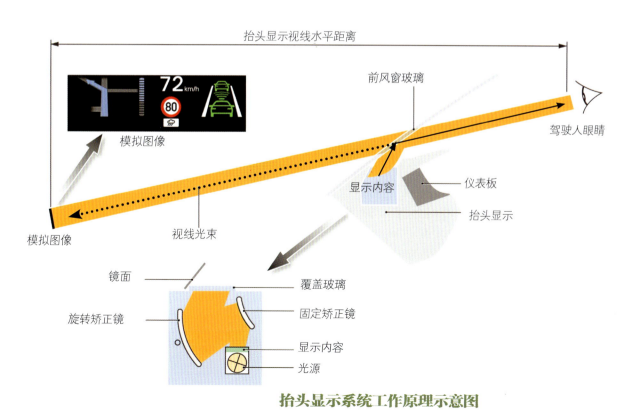

抬头显示系统工作原理示意图

车灯颜色为什么多种多样？

知识点：色温 光的特性

汽车上有多种灯光，有些是照明用的，有的则是用来提醒他人的信号灯或警示灯。现在国际普遍根据不同的用途，采用不同的车灯颜色。

氙气前照灯

氙气前照灯的色温较高，它会发出接近太阳光的白光。

光的色温决定灯光的颜色。色温是表示光源光色的尺度，通常以K作为单位。K值从低到高，颜色则会按黑、深红、浅红、黄、白、蓝顺序变化。通常来说，色温3000K的灯光明显发黄，色温在4300～5500K之间的灯光接近太阳光，色温在6000K的灯光发白，色温在6000K以上灯光则发蓝。

氙气前照灯根据不同色温有不同颜色，一般原厂多数选择4300K和5000K色温的灯泡。4300K光色白偏黄，夜晚亮度比较好，雨雾天穿透力好，是绝大多数车辆的选择；5000K光色最接近太阳光的颜色，人眼看起来比较舒服，但制造成本较高。

氙气前照灯

卤素前照灯

卤素前照灯（包括近光灯和远光灯）都采用白色偏黄的颜色，而黄色是波长最长的可见光，它的传播更远，这样能保证即使在恶劣天气下也能照亮路面。

卤素前照灯

雾灯、转向灯

转向灯、雾灯和前示宽灯采用黄色，因为黄色在可见光里的波长是最长的，不论是良好天气还是恶劣气候，它传播距离远，因此用它作雾灯，可以照亮更远的地方。而且黄色还是仅次于红色的警示色，颜色醒目，所以也用它作为转向灯的色彩，能较好地起到警示作用。

雾灯、转向灯

制动灯、示宽灯

制动灯、高位制动灯和后示宽灯都采用红色。红色是刺眼、最醒目的色彩，看到它能使肌肉的机能和血液循环加快。红色容易引起注意，因此具有较佳的明视效果，常用来作为警告、危险、禁止等警示用色。当前车制动时，前车的制动灯就会自动点亮，以引起后车的注意。

制动灯、示宽灯

日间行车灯、倒车灯

白色的穿透力更强，用它作为日间行车灯可以让更远的人们注意到它。现在的日间行车灯都是LED灯。

车后方没有像前照灯那样的照明光源，所以倒车灯采用白色光，是为了与红色制动灯、红色示宽灯和黄色转向灯明显区别开来。

日间行车灯、倒车灯

后视镜为什么视野很宽广？

知识点：光的反射 凸面镜特点

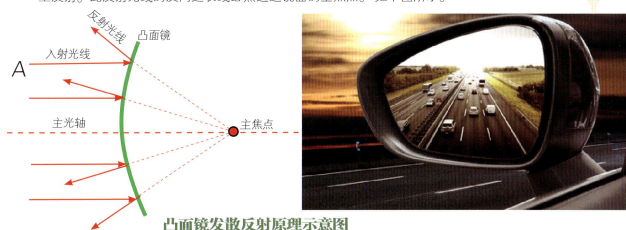

汽车上的车外后视镜、车内后视镜，它们都是凸面镜。

凸面镜对光线具有发散反射的特点，它的成像是正立、缩小的虚像。

从物体的某一点A作一与主轴平行的直线为入射光线，入射光线到达凸面镜镜面时，发生反射。此反射光线的反向延长线必然通过镜面的主焦点。如下图所示。

凸面镜发散反射原理示意图

从物体的同一点A通过镜面的曲率中心的连线为副轴（下图中蓝线），此副轴与反射光线的反向延长线（下图中红线）相交于点B，即为该物体成像之处。此成像是正立的、缩小的虚像。

汽车后视镜正是利用凸面镜的这个原理，可以看到缩小的实物，从而扩大驾驶人的视野，保证行车安全。山路急转弯处，有时设置的用来观察前方路况的镜子，也是凸面镜。

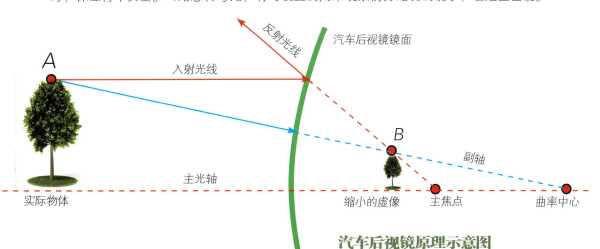

汽车后视镜原理示意图

第八章 光与波

雷达是怎样测量车之间距离的?

知识点:雷达 电磁波

现在越来越多的汽车上装备了可以检测车辆之间距离的雷达,尤其是自动驾驶技术更是离不开雷达。

雷达(Radio Detection And Ranging,RADAR)是指"利用电磁波探测和定位"。雷达发射的电磁波又称雷达波。金属物体能够像"回声"那样将大部分雷达波反射回来,而塑料等非金属物体几乎不能反射雷达波。

由于雷达波在空气中传播的速度是固定不变的,那么金属物体反射回来的时间与物体间的距离就成正比,只要计算出反射回来的时间,就能确定发射点离物体之间的距离。

利用这个原理,汽车上装备的雷达就可以检测到周围是否有其他车辆,以及其他车辆离发射点的距离。如图所示,下图反射回来的时间是上图的两倍,其车距也是上图的两倍。

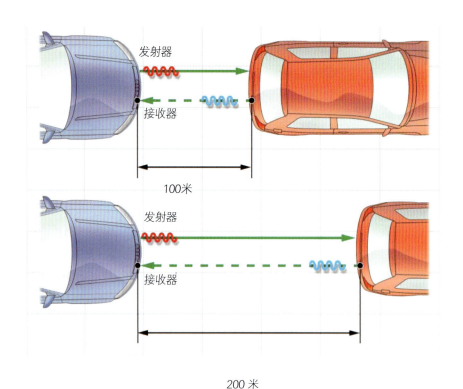

雷达测距原理示意图

倒车防撞报警系统是怎样工作的？

知识点：频率 赫兹 超声波

　　倒车防撞报警系统有时又称倒车雷达。其实它并不是真正的雷达，因为雷达发射的是电磁波，而汽车上的倒车防撞报警系统发射的是超声波。两者完全不同。

　　非金属物体不能反射雷达发射的电磁波，因此，真正的雷达并不适用检测车辆周围障碍物，如树木、石头、人和动物等。<u>雷达在汽车上只适用于检测车辆之间的距离。</u>

　　科学家们将每秒钟振动的次数称为声音的频率，它的单位是赫兹(Hz)。我们人类耳朵能听到的声波频率为20~20000Hz。因此，<u>把频率高于20000赫兹的声波称为超声波。</u>

　　超声波检测障碍物的原理与雷达近似，是根据超声波反射回来的时间来确定汽车与障碍物间的距离。

　　超声波在空气中的传播速度约为340米/秒。安装在保险杠上的发射器向某一个方向发射超声波，在发射的同时开始计时。超声波碰到障碍物时会被反射，接收器收到反射波就停止计时。根据计时器记录的时间，系统就会自动计算出发射点与障碍物之间的距离，并将距离显示在倒车影像上，或以蜂鸣声的急促程度来提示离障碍物的距离。

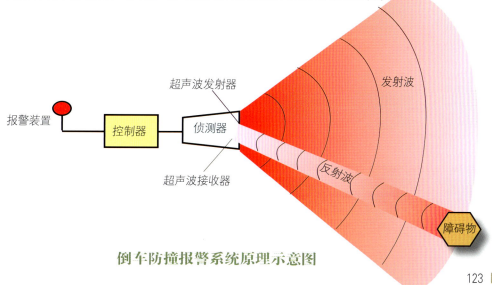

倒车防撞报警系统原理示意图

第九章 Chapter Nine
电与磁
Electricity&Magnetism

蓄电池为什么能储存电能？

知识点：能量转换

蓄电池的作用是把有限的电能储存起来，在需要的时候可以使用。汽车上的蓄电池通常为铅酸蓄电池。它用填满海绵状铅的铅板做负极，用填满二氧化铅的铅板做正极，并用稀硫酸做电解质。

充电时，电能转化为化学能。

当发电机或其他充电设备为蓄电池充电时，使蓄电池的正极板带正电，负极板带负电，从而使两极板间产生一定的电位差，即形成化学能储存在蓄电池中。

放电时，化学能转化为电能。

当蓄电池连接外部电路放电时，负极板上的电子不断经外电路流向正极板，从而在电池内部产生电流，形成回路，两极间可以产生2伏的电压。汽车上的蓄电池通常是由6个2伏的铅蓄电池串联而成的12伏电池组。

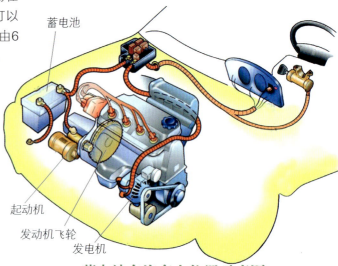

正极接线柱　　蓄电池液加注口
负极接线柱
正极板
隔板
负极板

蓄电池构造图

蓄电池
起动机
发动机飞轮
发电机

起动发动机时，蓄电池的电力供应给起动机和发动机（蓄电池放电）；当发动机运转后，发动机带动发电机发电，在供车载电器及发动机使用的同时，将多余的电能储于蓄电池，供下次起动发动机时使用

蓄电池在汽车上位置示意图

火花塞为什么能产生高压电？

知识点：电的来源

在汽油发动机中，虽然汽油和空气的混合气在被压缩的过程中温度有所升高，但并不足以升高到混合气的燃点，因此必须借助外来高温将混合气点燃，而火花塞的作用就是点燃混合气的。

火花塞使高压导线送来的脉冲高压电放电，击穿两电极间的空气而产生电火花，以此引燃气缸内的混合气体。

火花塞产生高压放电的原理和雷电产生的原理非常相似。火花塞上分别带正电和负电的两个电极离得非常近，一般不到1毫米。当它们分别带正电和负电时，一旦接近就会产生电火花，电压甚至高达1万伏。它可以在

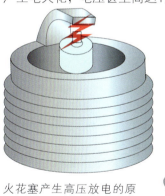

火花塞产生高压放电的原理和雷电产生的原理近似，两个电极就像是两朵分别带正电和负电的云，一旦接近就会产生电火花

瞬间点燃气缸中已被压缩升温的汽油与空气的混合气。

柴油发动机上没有火花塞，它是先将气缸内的空气强力压缩，直到空气温度升高到柴油的燃点，然后向气缸内喷射柴油，便可瞬间使柴油自燃。

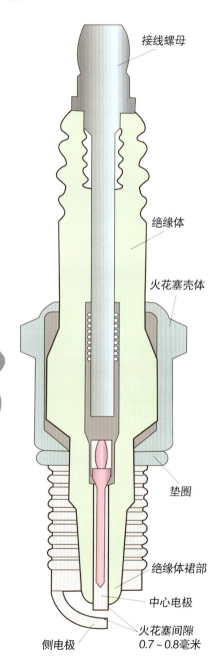

接线螺母

绝缘体

火花塞壳体

垫圈

绝缘体裙部

中心电极

火花塞间隙
0.7～0.8毫米

侧电极

火花塞构造图

发电机为什么能发电？

知识点：磁生电 电磁感应

　　蓄电池只是储存电能的设备，而产生电能的部件是发电机。汽车上的发电机与蓄电池并联使用，当发电机的电压不足而汽车所需电量较大时，蓄电池与发电机共同向用电设备供电；当发电机电压正常且发电量充足时，发电机向蓄电池充电，将电能储存于蓄电池中。为了保证车载电器及发动机等用电供应，每台发动机都配有一台发电机。

　　发电机是利用电磁感应的原理发电的，它将机械能转化为电能。

电磁感应现象：闭合电路的一部分导体在磁场中做切割磁感线的运动时，导体中会产生感应电流。

　　发电机都是与发动机整合在一起，并由发动机通过传动带来驱动。发电机中有一个固定磁场叫作定子，还有一个旋转导体叫作转子。发动机带动发电机的转子旋转，旋转导体在定子磁场中做切割磁力线的运动，并因电磁感应而产生电流。

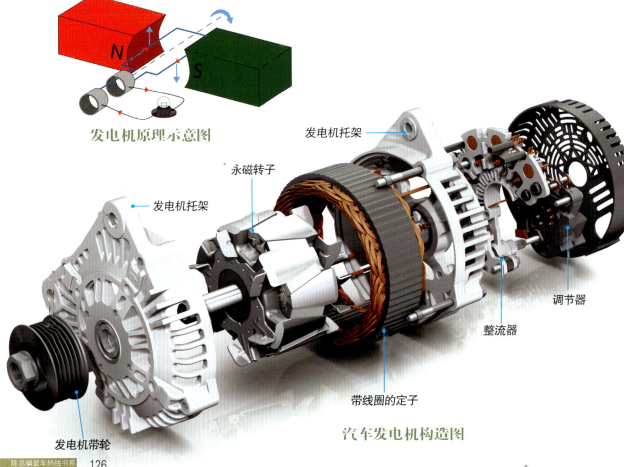

发电机原理示意图

发电机托架

永磁转子

发电机托架

调节器

整流器

带线圈的定子

发电机带轮

汽车发电机构造图

电动机为什么能产生动力？

知识点：电生磁 电磁感应

在每台发动机上，不仅配有一台发电机用来为汽车发电，而且还配有一台电动机用于发动机的起动。发动机上用于起动的电动机都是直流电动机，它接通蓄电池的直流电后就能旋转，输出动力，从而带动发动机起动运转。

直流电动机由定子与转子组成。它的定子是一个固定磁场，称为定子磁场。它的转子是一个可旋转的导体绕组，接通直流电源后，导体绕组也产生一个转子磁场。

当定子磁场与转子磁场相互作用时，根据同性相斥、异性相吸的原理，转子绕组的一侧就会受到排斥，另一侧则会受到吸引，这样转子就会在两个磁场的相互作用下开始转动。

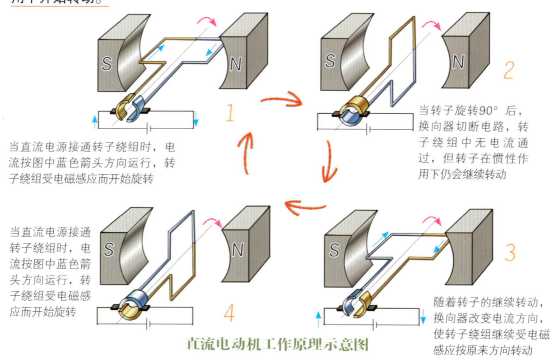

当直流电源接通转子绕组时，电流按图中蓝色箭头方向运行，转子绕组受电磁感应而开始旋转

当转子旋转90°后，换向器切断电路，转子绕组中无电流通过，但转子在惯性作用下仍会继续转动

当直流电源接通转子绕组时，电流按图中蓝色箭头方向运行，转子绕组受电磁感应而开始旋转

随着转子的继续转动，换向器改变电流方向，使转子绕组继续受电磁感应按原来方向转动

直流电动机工作原理示意图

由于定子的电磁场是固定不变的，转子绕组只能转半圈就会停止不动（见上图1、图2）。但是，如果此时采用换向器，将转子绕组中的电流方向改变，也就等同于改变了转子电磁场的方向，从而在同性相斥、异性相吸的电磁原理作用下，转子绕组又会继续转半圈（见上图3、图4）。然后，转子绕组电流再改变方向，转子又会转半圈。就这样周而复始，转子绕组中的电流方向总在改变，那么转子就会不停地连续旋转起来。

电动汽车上用来输出动力的电动机是交流电动机，它与发动机上用于起动的电动机相比，结构和性能都有很大不同，不仅功率更强大，而且结构更复杂，制造成本更高。

扬声器（喇叭）为什么能发声？

知识点：电磁感应 振动与声音

汽车上的扬声器以及学校操场上的扬声器（喇叭），都是利用电磁感应原理制作的。

通电导线在磁场中，在电磁感应的作用下会受到力的作用，力的方向与电流的方向、磁力线的方向都有关，当电流的方向或磁力线的方向变得相反时，通电导体受力的方向也变得相反。

扬声器主要由固定的永久磁体、通电线圈和锥形纸盆组成。线圈处于永久磁场中，并接通交变电流，也就是方向在不断变化的电流。通电的线圈受到磁场的作用而运动。当线圈中的电流方向改变时，线圈向反方向运动。这样不断变化的电流方向就会引起线圈不断地改变运动方向，即形成振动，从而也带动纸盆也来回地振动，而根据前面的介绍我们知道，物体振动就会引起它周围空气振动并将振动波传播到人的耳中，于是扬声器就发出了声音。

通入线圈的电流携带有声音的信息，使得线圈振动的方向、大小都在瞬间变化，从而使纸盆输出的声音也带有线圈电流原来携带的声音信息。

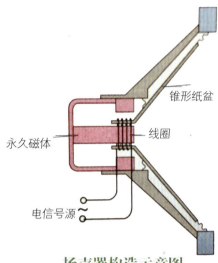

锥形纸盆
线圈
永久磁体
电信号源

扬声器构造示意图

为什么现在的汽车不容易被盗了？

你知道吗？ Do you know

在传统汽车的点火起动系统中，只要将起动机与蓄电池之间的电路接通，就能使起动机带动发动机的活塞运转，使发动机起动。因此，即使不用车钥匙也能用"接线法"将汽车起动盗走。我们在过去电影中看到的盗车场景多是如此。

然而，现在的发动机不再用机械方式控制每个气缸的点火和喷油，而是由发动机电控单元（ECU）控制。因此，即使将起动机的电源线接通，也只能使起动机转动，并不能使点火和喷油系统正常工作。

当车钥匙插入并扭转时，汽车上的防盗系统会识别车钥匙内密码芯片的信息，当确认合法后，才会起动燃油喷射和点火系统，否则将拒绝喷油和点火，使车辆无法起动。

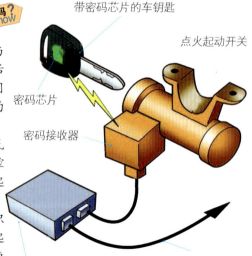

带密码芯片的车钥匙
点火起动开关
密码芯片
密码接收器
发动机电控单元（ECU）

车辆起动防盗系统

锂离子电池是怎样产生电能的？

知识点：锂离子　充电　放电

现在电动汽车绝大多数采用锂离子电池作为动力电池。锂离子电池是指以锂离子嵌入化合物为正极材料电池的总称。锂离子电池以碳素材料为负极，以含锂的化合物作为正极，没有金属锂存在，只有锂离子，因此称为锂离子电池。而原来所谓的锂电池则是以纯锂作为负极，两者区别很大。

锂离子电池的正极是含金属锂的化合物，一般为锂铁磷酸盐(如磷酸铁锂 $LiFePO_4$、磷酸钴锂 $LiCoO_2$ 等)，负极是石墨或碳(一般多用石墨)。正负极之间使用有机溶剂作为电解质。

在对电池进行充电时，正极上分解生成锂离子，锂离子通过电解质进入电池负极，嵌入负极碳层的微孔中。如右上图所示。

在电池的使用过程中，也就是放电过程，嵌在负极微孔中的锂离子又运动回正极。回到正极的锂离子越多，放电容量就越高。我们平时所指的电池容量就是指放电容量。如右下图所示。

这样，在电池充放电过程中，锂离子不断地在正极和负极之间来回奔跑，所以锂离子电池也被称为摇椅式电池。

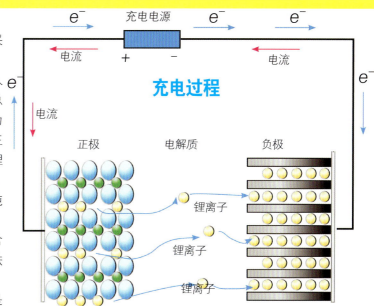

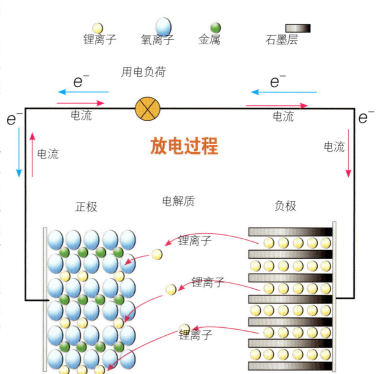

锂离子电池充电和放电过程示意图

陈总编爱车热线书系

纯电动汽车有什么特点?

与燃油汽车相比,纯电动汽车的构造比较简单。它主要由电机、控制器和动力电池三大部件组成。下面简单介绍电动汽车与传统汽车的区别。

车身造型:许多纯电动汽车都是由燃油车型改造而来的,因此车身外形没有太大区别。如果是从零设计的纯电动汽车,为了便于在底板上放置动力电池,往往会将车身设计得较高一些,如宝马i3、比亚迪–戴姆勒腾势等。

动力系统:电机替代了发动机,起步转矩更大,起步迅猛。电机的动力输出大小由电子控制器来调节。

传动系统:电动汽车上一般没有变速器,电机的转速变化通过电子控制器来调节,然后通过减速器、差速器直接传递到前轴或后轴上。

纯电动汽车基本构造图

转向系统:采用电动助力转向,与现在越来越多地采用电动助力转向的燃油汽车没有什么差别。

行驶系统:悬架、车桥、车轮等与传统燃油汽车一样,没有太大差别。

制动系统:因为传统燃油汽车可以利用发动机的真空力量作为制动助力,所以电动汽车要想法找到发动机真空的替代方案,最常用的办法就是装备一个电动真空泵,专门向真空制动助力器补充真空。

能量供给系统:电动汽车没有燃油箱,但动力电池的体积和重量都增大很多。

纯电动汽车为什么会跑？

知识点：电动汽车

当驾驶人转动点火钥匙时，电动汽车并没有什么反应和动静，只是附件电器接通电源，但电机并没有开始运转。当驾驶人踩加速踏板时，电控系统根据加速踏板位移传感器的信息，发出接通电机电源的指令，起动电机；电机一开始旋转就输出最大转矩，并迅速通过减速机构、差速器、半轴等将动力传递到驱动轮上，车轮开始旋转，汽车前进。

当驾驶人抬起加速踏板时，电控系统根据加速踏板位移传感器的信息，调节电机的转速，进而使驱动轮的转速也降低，最终使电动汽车的速度下降。

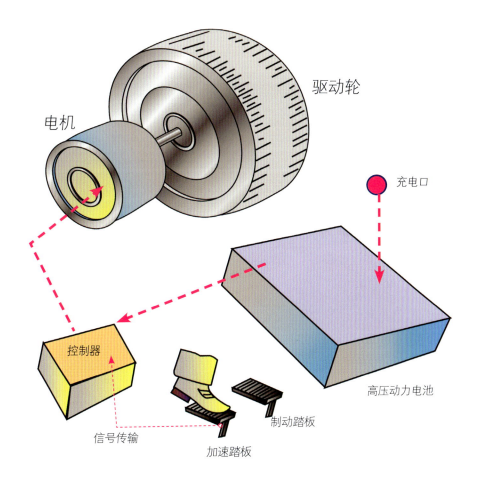

纯电动汽车工作原理示意图

燃料电池汽车为什么会跑？

知识点：电解水 电化学反应 燃料电池发电原理

燃料电池汽车(Fuel Cell Vehicle，简称FCV) 是一种用车载燃料电池产生的电力作为动力的汽车。

燃料电池是一种把氢氧化学能转化为电能的电化学设备。燃料电池装置通常使用高纯度氢作为燃料，但它不是直接燃烧氢，而是利用氢与空气中的氧发生化学反应而产生电能，用来驱动汽车前进。因此，燃料电池汽车也是一种纯电动汽车，只不过它不是采用外接电源为蓄电池充电，而是利用燃料电池在车上实时"发电"来为电机提供电能。因此，燃料电池汽车被称为"自带发电站"的汽车。

储氢罐

氧

氢

水

阳极

隔膜

阴极

电机

控制器

动力电池

燃料电池汽车构造示意图

燃料电池是一种不燃烧燃料而直接以电化学反应方式将燃料的化学能转变为电能的高效发电装置。

燃料电池发电的过程，其实就是电解水（下左图）的逆过程。电解水将水通电后产生氢气和氧气，而燃料电池则是输入氢气与氧气而生成水，同时产生电流。

燃料电池发电的基本原理是：电池的阳极（燃料极）输入氢气（燃料），氢分子(H_2) 在阳极催化剂的作用下被离解成为氢离子和电子；氢离子穿过燃料电池的电解质层向阴极（氧化极）方向运动，电子因通不过电解质层而由一个外部电路流向阴极；在电池阴极输入氧气(O_2)，氧气在阴极催化剂的作用下离解成氧原子(O)，与通过外部电路流向阴极的电子和燃料穿过电解质的氢离子结合生成稳定结构的水(H_2O)。

$$2H_2 + O_2 \rightarrow 2H_2O$$

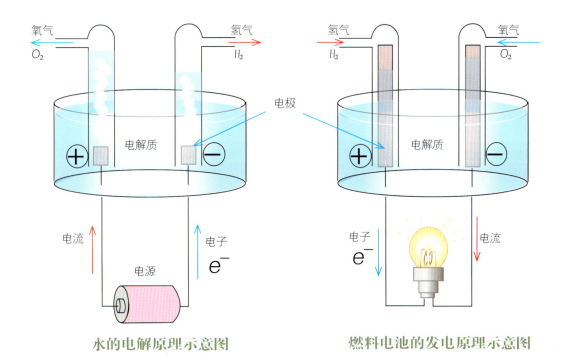

水的电解原理示意图　　　　**燃料电池的发电原理示意图**

只要阳极不断输入氢气，阴极不断输入氧气，电化学反应就会连续不断地进行下去，电子就会不断地通过外部电路流动形成电流，从而连续不断地向汽车提供电力，驱动汽车奔跑。

燃料电池与锂离子电池等有巨大区别，虽然其结构也是由正极、负极和电解液构成，但它并不储存电能，不是个"蓄电池"，而是一个"发电池"，它利用供给的燃料（氢）不停地发电。

定速巡航系统是怎样控制车速的？

知识点：闭环控制　反馈控制

定速巡航系统（Cruise Control System，简称CCS）也称巡航控制系统，是较早的驾驶辅助系统，它可以减轻驾驶人的疲劳，不需驾驶人踩加速踏板，汽车就能保持固定速度前进。其工作过程为：

1）驾驶人开启定速巡航控制系统，设置想要匀速行驶的车速值。

2）轮速传感器采集车轮转速的实时信号，经ABS模块运算处理加工成车速的实时信息。

3）定速巡航系统的电子控制单元（ECU）将车速设定值和实时车速进行比较后，发出调整节气门开度的指令。

4）调整节气门开度，从而调节动力输出，控制车速，使其稳定在驾驶人预先设置的车速上。

5）根据不断变化的实时路况导致的行驶阻力的变化，不断地调整节气门开度，以保持恒定的车速。

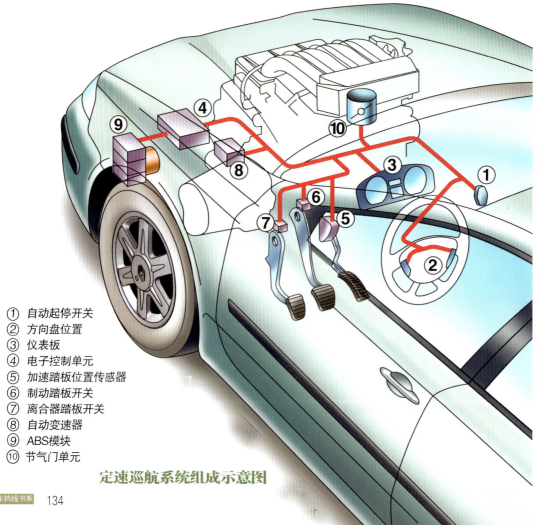

① 自动起停开关
② 方向盘位置
③ 仪表板
④ 电子控制单元
⑤ 加速踏板位置传感器
⑥ 制动踏板开关
⑦ 离合器踏板开关
⑧ 自动变速器
⑨ ABS模块
⑩ 节气门单元

定速巡航系统组成示意图

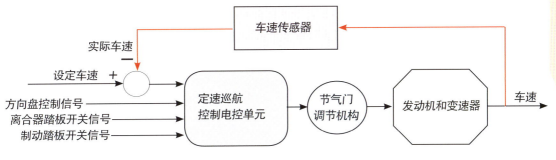

定速巡航控制是一种典型的自动控制系统。它不停地检测实际车速值，并与设定车速进行比较，当出现误差时就自动调节节气门开度，从而调节发动机动力输出，从而使实际车速尽量与设定车速一致

定速巡航系统工作原理示意图

对于装备自动变速器的车辆而言，电控单元不仅通过调整发动机的节气门开度来控制发动机的动力输出，还通过变换变速器的档位来加以配合。定速巡航系统不能在1档和空档的状态下执行任务。

对于装备手动变速器的车辆，只能在相应档位下控制发动机的动力输出，而不能通过变换档位来控制车速。

定速巡航系统是一个闭环控制系统，此系统不断地将实际车速与驾驶人设置的车速进行比较，一旦发现车速有偏差，就会发出调整动力输出的指令，使实际车速与设置车速尽量一致。比如，车辆上坡时速度下降，车速传感器发来的车速比设置车速低，控制单元将发指令给伺服执行机构，加大动力输出以保持车速；下坡时实际车速比设置车速高，控制单元将发出指令减小动力输出以保持车辆按设置速度行驶。

根据系统输出量来自动调节系统输入的控制方式，称为闭环控制或反馈控制。

这种控制方式在发动机燃油喷射上也有应用。发动机根据氧传感器检测的排气情况，来自动调节燃油喷射量，以便使燃油充分燃烧，减少污染。

其实，大到火箭发射，小到抽水马桶，都是利用反馈控制系统来实现自动控制。它们都是将系统的输出值与设定值进行比较，当出现误差时就对输入进行调整，从而使输出值尽量与设定值相同。

第十章 Chapter Ten
设计与制造
Design&Manufacture

汽车是怎样设计的？

设计流程 1：纸上谈兵

通常一辆汽车的出现，它的造型美观与否相当重要，它的造型是否符合它的市场定位更是决定它的销售量，因为汽车的外观是给大家的第一印象。不管一辆汽车的性能如何好，若它的外观没有特色的话，它将难以在市场上找到立足点。

通常一辆汽车在设计之初先以绘画方式来表现它的造型和风格。新车型都是从一张纸上开始的，然后才开始它的漫漫旅途。造型设计师根据市场调查和设计目标将创意绘在纸上，经过不断修改，再把它拿去给负责人审阅。当此充满创意的新车受到一定的青睐后，还要以更具体的方式表现它的造型设计理念，绘出各种效果图，或把小尺寸的绘画放大至和真车一样大的尺寸，张贴起来，看看是否一样得到大家和负责人的赞许。

设计流程 2：效果图
胶带效果图

用胶带粘贴的办法，将设计草图按1:1的效果展现出来，包括外观和内饰，这样就可以让人们更直观地感受设计者的创意和构思。

电控单元效果演示

利用电控单元技术体现设计师的设计效果，在电控单元上可以显示三维立体的设计图，并可以很轻松地进行修改。

设计流程 3：制作模型

　　当设计草图顺利通过后，还要绘制更细致的效果图。现在可以借助电控单元绘制非常逼真的效果图，在电控单元上看起来和真车非常相似。然后再根据审查通过后的效果图制作小尺寸模型，一般为1：5比例的油泥模型，也就是相当于真车五分之一大小的汽车模型，并放到风洞中测试一些基本的空气动力学数据，然后再根据这些数据，不断地修改模型的细节造型。当小尺寸模型通过审查后，再制作1:1的汽车油泥模型，仍然放在风洞中进行空气动力学测试，此时所测试的数据会更加详细，并不断修改，使模型能达到所要求的低风阻、高稳定性的要求。

设计流程 4：内饰设计

　　在外部造型设计完成之后，接下来要做好车内设计。汽车内饰设计仍然是从草图、效果图开始，也要制作内饰的油泥模型，并不断进行修改。汽车内饰不仅要求美观、个性化，更重要的是要充分体现人性化，要严格按照人机工程学来设计每个操作部件。车内各种操作的方式方法要符合人们的心理和生理特点，符合人们的正常习惯，不能为追求个性而让驾驶人感觉别扭或不容易习惯。

设计流程5：整车匹配

在内饰设计及车身设计的同时，还要进行发动机、变速器、传动机构等机械部件的安排，也就是整车匹配。发动机、变速器等机械部分必须配合车身造型和车身尺寸。更为重要的是，由于发动机和变速器等是汽车的动力之源，它们的位置安排、质量分布，都会影响到汽车动力性能和操控性能，因此与发动机和变速器相关的各个细节都必须考虑到，不论是在材质、刚度上，还是在耐用度上，都要小心选用、精心安排。总之，机械部件与整车之间的匹配，是汽车设计中的重中之重。汽车性能之间的主要差别就在这些看不见的地方。

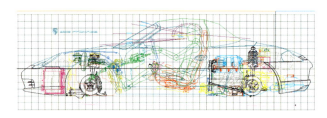

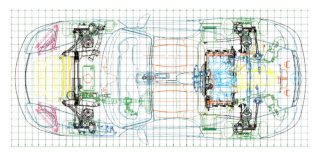

设计流程6：样车试验

各项基本设计完成之后，还要制作样车。一般在研制阶段，要先用手工打造出一辆样车，然后再制造十几辆甚至几十辆试验车，以便进行实车道路试验。在样车试验中，要不断根据试验中暴露的问题进行调整、修改，甚至重新设计。样车试验包括动力性、制动性、稳定性、可靠性、燃油经济性等测试，还有各种环境适应性试验，如寒冷和高湿测试、涉水测试、噪声测试等。当然，撞击测试、翻滚测试等安全性测试也是必不可少的。直到通过各种严格测试后，新设计的车型才会最后定型、投产。

汽车是用什么制造的？

知识点：牛皮 + 树木 + 矿石 + 石油 = 汽车

人们总说汽车是钢铁之物，其实此言不是十分准确。汽车由许多种物质组成，但归根结底都是来源于四种物质，矿石、石油、树木和牛皮。如果汽车上没用真皮，它们只有前三种物质组成。从组成比例上看，汽车基本上是由矿石中提炼出来的，难怪矿石一提价，汽车制造商就发慌。

不同品牌和不同车型的组成成分可能不一样，但相差不多，据估计，一款中等级的轿车，它的原料组成比例大致如下。

0.5% 牛皮 +2% 树木 +82.5% 矿石 +15% 石油 =100% 汽车

0.5%牛皮

在一些轿车上，方向盘、变速杆头、座椅、门内饰板等部件，可能采用牛皮包裹

82.5%矿石

汽车上的金属，包括车身、发动机缸体、车轮等，都由矿石冶炼而出

15%石油

汽车上的塑料件、化纤制品等，都是从石油中提炼出来的材料制作的

2%树木

轮胎中的橡胶可能是采用从树上采集的天然橡胶；方向盘、内饰板等可能采用桃木装饰

钢材来源于矿石

玻璃来源于矿石

塑料来源于石油

真皮来源于牛皮

天然橡胶来源于树木

汽车是怎样制造的？

车身制造流程

车身冲压　　　　车身焊装　　　　车身涂装

总成制造流程

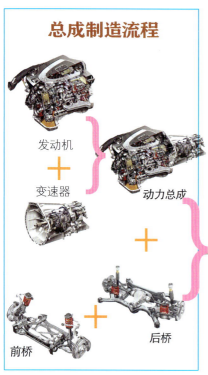

发动机

＋

变速器

动力总成

＋

前桥

＋

后桥

总装配流程

车身

＋

底盘

车身与底盘结合

新车性能检验

交付用户

新车外观检验

安装内饰件